INTRODUCTION

A L'HISTOIRE

DU DROIT FRANÇAIS

ET A L'ÉTUDE

DU DROIT NATUREL.

Les formalités prescrites ayant été remplies, l'éditeur poursuivra les contrefacteurs suivant toute la rigueur des lois.

Delestre-Boulage

DE L'IMPRIMERIE DE PILLOUT AÎNÉ.

INTRODUCTION

A L'HISTOIRE

DU DROIT FRANÇAIS

ET A L'ÉTUDE

DU DROIT NATUREL,

A L'USAGE DES ÉTUDIANS EN DROIT;

PAR T. P. BOULAGE,

AVOCAT A LA COUR ROYALE
ET PROFESSEUR EN LA FACULTÉ DE DROIT DE PARIS.

A PARIS,

CHEZ DELESTRE-BOULAGE,

LIBRAIRE DE L'ÉCOLE DE DROIT,

rue des Mathurins-Saint-Jacques, n° 1 ;

ET AU DÉPÔT, RUE DES GRÈS.

—

M. DCCC. XXI.

AVERTISSEMENT

DE L'ÉDITEUR.

—

Nous avons publié dans le cours des années 1819 et 1820 un ouvrage qui a pour titre : *Principes de Jurisprudence française*, pour servir à l'intelligence du Code civil. La mort prématurée de M. Boulage, auteur de cet ouvrage, nous a forcés de l'interrompre au troisième livre du Code, et de n'en donner que deux volumes au lieu de six que nous avions promis. Le premier de ces deux volumes contient des recherches fort instructives sur l'origine et les progrès du droit français, et un titre préliminaire intitulé : *Des Lois*, qu'on peut regarder comme une belle introduction à l'étude du droit naturel. Ce sont ces deux parties, formant un ouvrage à part et complet, que nous donnons aujourd'hui au public sous un nouveau titre. Nous croyons rendre un service aux élèves des Ecoles de Droit en publiant séparément deux traités qu'ils ne pouvaient acquérir auparavant qu'avec les deux volumes des *Principes de Jurisprudence*.

INTRODUCTION

A L'HISTOIRE

DU DROIT FRANÇAIS.

AVIS.

—

On a marqué par des guillemets ce que l'auteur a cru devoir emprunter à *Fleury*, et par des parenthèses les mots et les phrases qu'il a intercalés dans ces fragmens.

DE L'ORIGINE ET DES PROGRÈS

DU DROIT FRANÇAIS.

Dessein de l'auteur.

I. « Avant que les Francs entrassent dans les Gaules, on y suivait les lois romaines [et des coutumes dont l'origine se perd dans la nuit des tems]. Elles continuèrent d'y être observées sous les rois de la première et de la seconde race ; mais avec les lois barbares et les capitulaires des rois. Les désordres du dixième siècle confondirent toutes ces lois [et ces coutumes] : en sorte qu'au commencement de la troisième race de nos rois, il n'y avait guère d'autre droit en France qu'un usage incertain, à quoi des savans ont joint ensuite l'étude du droit romain , [tandis que d'autres fixaient par écrit les coutumes qui avaient résisté et survécu à l'anarchie féodale.] Enfin , les rois ont établi plusieurs droits nouveaux par leurs ordonnances. C'est tout ce que je me propose d'expliquer dans cet écrit ; et j'espère que l'on me pardonnera, si j'use quelquefois de conjectures, quand on considérera combien cette matière a été peu éclaircie jusqu'à présent.

Mœurs des Gaulois.

II. » Il est à propos de remonter jusqu'aux Gaulois, parce que, après tant de changemens, il nous reste quelque droit qui vient immédiatement d'eux. Voici une idée de leurs mœurs et de leur police, tirée de Jules-César, où peut-être quelqu'un trouvera du rapport avec les mœurs des derniers siècles. Toute la Gaule était divisée en plusieurs petits peuples indépendans les uns des autres, dont les noms sont demeurés pour la plupart aux villes qui en étaient les capitales, comme Paris , Sens , Tours et grand nombre d'autres. Il n'y avait que deux sortes de personnes qui fussent en quelque considération, les druides et les chevaliers. Le reste du peuple était dans une espèce de servitude. Il ne pouvait rien entreprendre de lui-même, et n'était appelé à aucune délibération : plusieurs même, cédant à la rigueur de leurs créanciers ou à la tyrannie des nobles, se rendaient effectivement leurs esclaves. Les druides avaient la conduite de tout ce qui regardait la religion et les études, et rendaient la justice, même en matière crimi-

nelle , dans de grandes assemblées qui se tenaient tous les ans. Leur autorité était grande,
et ils étaient exempts d'aller à la guerre et de
payer aucun tribut. La peine de ceux qui ne
leur obéissaient pas était une espèce d'excommunication ; ils étaient exclus des sacrifices ; ils
passaient pour impies et pour scélérats ; tout
le monde fuyait leur rencontre, et ils ne pouvaient recevoir aucun honneur, ni même poursuivre leur droit en justice. »

Les vieilles lois romaines nous offrent un
exemple de l'atrocité de cette peine dans la fameuse imprécation qu'elles prononcent en ces
termes contre un homme coupable de certains
crimes : *Sacer esto* , qu'il soit exécrable ; et
nous voyons dans les tems de barbarie qui ont
déshonoré notre histoire, des évêques excom-
munier ceux qui déclinaient leur juridiction ou
refusaient d'exécuter leurs jugemens dans des
matières purement civiles.

« Les chevaliers portaient tous les armes, et
allaient tous à la guerre quand il y en avait ; ce
qui arrivait entre ces petits Etats presque tous
les ans. Le plus grand honneur de ces chevaliers était d'avoir un grand nombre de personnes qui leur fissent la cour, et qui les suivis-
sent aux occasions ; et ils ne souffraient point

que leurs enfans parussent devant eux en public, qu'ils ne fussent en âge de porter les
armes. »

Les maris avaient droit de vie et de mort sur
leurs femmes et sur leurs enfans ; mais je répu-
gne à croire qu'il consistât dans l'*imperium me-
rum*, droit de glaive, comme plusieurs auteurs
semblent le penser. Il vaut mieux dire que cette
autorité constituait, comme chez les Romains,
une magistrature domestique, que chaque chef
de famille ne pouvait exercer au gré de son
caprice ; qu'il prononçait seulement par forme
de jugement et avec quelques parens, qui lui
servaient d'assesseurs. Quand on est réduit à
des conjectures, il faut admettre celles qui
font le moins de déshonneur à une nation, et
qui paraissent le plus conformes à ses mœurs.

Leurs lois civiles.

III. Les druides appliquaient un droit, qui
se transmettait d'âge en âge par la tradition :
ils n'écrivaient point leurs lois par politique,
les barbares, par ignorance. C'est cependant
dans cet ancien droit des Gaulois que nous
trouvons l'origine de nos coutumes. L'abbé
Fleury les fait naître du sein des ténèbres, de
l'anarchie et des désordres des dixième et on-

zième siècles; mais cette importante partie de notre jurisprudence existait déjà, lorsque César s'est emparé des Gaules, et voici les preuves qu'on en donne.

Il y a, dit-on, un droit commun coutumier, et un esprit de droit coutumier qui, par cinq caractères principaux, se distingue du droit romain. Ces caractères sont 1° la communauté légale, 2° le douaire, 3° l'ordre des successions, 4° le retrait lignager, 5° les main-mortes. Avant la révolution, ces cinq caractères distinguaient encore notre droit coutumier. La communauté légale et les principales règles sur les successions font encore partie de notre droit commun, le douaire est remplacé par des donations, mais il n'est plus question des deux autres.

1°. *Communauté entre époux.* Les Romains avaient institué le régime dotal, suivant lequel le mari était le maître de tous les biens que la femme apportait en mariage, et de ceux qu'elle acquérait depuis la célébration. A lui seul appartenaient tous les bénéfices faits en commun.

La communauté, au contraire, est une société de biens entre époux. A l'époque de la dissolution, les bénéfices se partagent. Voilà bien un droit entièrement en opposition avec la loi romaine. Il fait encore aujourd'hui le droït commun de la France. (*Code civil*, art. 1393). *Pasquier* (1) remarque qu'il est fondé sur ce principe d'*Aristote*, que c'est au mari à acquérir et à la femme à conserver, et que, par conséquent, elle doit avoir sa part dans les bénéfices.

On a prétendu que la communauté n'est point d'origine gauloise, et qu'elle a été établie par la loi ripuaire, dont nous parlerons plus loin; mais qui peut entendre autrement ce passage de César dans ses *Commentaires*, lib. VI : *Viri in* GALLIA *quantas pecunias ab uxore dotis nomine acceperunt, totidem ex suis bonis, œstimatione factâ COMMUNICANT?*

Au surplus, la même institution pouvait être en usage chez les Ripuaires et parmi les Gaulois, et cela n'implique point contradiction.

2°. *Douaire.* Le droit coutumier accorde à la femme survivante l'usufruit d'une partie des biens du mari, et c'est ce qu'on appelle *douaire.* Il avait encore lieu au moment de la révolution. Les Romains permettaient au mari d'avantager sa femme, mais avant le mariage seulement, et c'est ce qu'on appelait *donatio antè nuptias.* Depuis elle fut permise pendant le mariage, et on la nomma *donatio propter nup-*

_____

(1) *Recherches sur la France.*

tias. Le *Code civil*, art. 1091 et 1094, s'est écarté des coutumes pour suivre le droit romain. Il a même permis que les avantages soient réciproques.

Je ne regarde pas comme bien concluantes les preuves que *Grosley* (1) emploie pour établir que le douaire est une institution gauloise ; mais il y a une raison qui me semble lever tous les doutes. Chez ces anciens peuples, la femme qui était mariée n'avait de bien que ce qui lui avait été constitué en dot ; elle était exclue par les mâles de la succession de ses parens ; on a donc de puissans motifs pour croire que ç'a été pour l'en dédommager, qu'on lui a attribué la jouissance d'une partie des biens de son mari lorsqu'elle lui survivrait.

La loi salique a fait du douaire une règle expresse. Il paraît qu'en témoignage de cette libéralité la femme recevait du mari des pièces de monnaie. Aurélien, cet illustre Gaulois, qui épousa la princesse Clotilde au nom de Clovis, lui offrit, selon la coutume, un sou et un denier. Ainsi le douaire était connu long-tems avant le dixième siècle, et il différait de la donation *propter nuptias,* introduite par les empereurs romains.

(1) *Recherches sur le Droit français.*

Règles sur les successions.

IV. 3°. Nos coutumes contenaient ces trois maximes : *Le mort saisit le vif* (1), c'est-à-dire qu'il n'était pas nécessaire, pour acquérir une succession, de faire adition d'hérédité, et que celui qui mourait sans avoir accepté, transmettait son droit à ses héritiers : *Institution d'héritier n'a pas lieu, c'est-à-dire qu'elle n'est requise et nécessaire pour la validité des testamens* (2) : *En ligne directe, propre héritage ne remonte, et n'y succèdent les père et mère, aïeul ou aïeule* (3). Il serait superflu de prouver que ces trois dispositions sont diamétralement opposées à celles du droit romain. Or, il n'y a pas de doute qu'on ne trouve l'énoncé de ces maximes dans ce passage de *Tacite,* où, en parlant des Gaulois et des Germains qui habitaient les deux rives du Rhin, il dit : *Apud eos hœredes successoresque sui cuique liberi ; si liberi non sunt, proximus gradus* IN POSSESSIONE. (*De moribus german.*)

4°. *Retrait lignager.* Quelqu'un vend un bien qui lui est échu par voie de succession. Un pa-

(1) *Coutume de Paris*, art. 318.

(2) *Idem*, art 299.

(3) *Idem*, art. 212.

9

rent de la même ligne peut retirer cet héritage
des mains de l'acheteur, en lui remboursant les
sommes qu'il a payées. C'est ce qu'on appelle
retrait lignager (1). En introduisant ce droit,
on a voulu conserver les biens dans les familles ;
mais comme ce motif est en opposition avec
l'esprit général du Code, le retrait n'est plus
ni dans nos lois, ni dans nos usages.

Tous les jurisconsultes sont d'accord sur ce
point, c'est que le retrait était entièrement
inconnu aux Romains. La plupart disent qu'il
est d'une haute antiquité, et *Pithou* le trouve
dans les mœurs des Gaulois et des Germains.
Il est possible qu'on en voie l'origine dans les
deux passages que rapporte *Grosley,* mais il
-faudrait de longs raisonnemens pour le dé-
montrer.

5°. *Main-mortes coutumières.* On sait que,
chez les Romains, l'esclavage soumettait un
homme à un homme, contre le vœu de la nature (2) ; que dans le tems même de l'invasion
des Gaules, à Rome, le maître avait sur ses
esclaves le droit de vie et de mort (3).

Nous avons vu que, chez les Gaulois, des gens

(1) *Coutume de Paris*, art. 129.
(2) *Instit.*, lib. I, tit. 3, § 2.
(3) *Idem*, lib. I, tit. 8, § 1.

du peuple, cédant à la rigueur de leurs créanciers, ou à la tyrannie des nobles, se rendaient,
en quelque sorte, leurs esclaves. Mais ces deux
causes ne furent pas les seules qui produisirent
ces résultats: la simple pauvreté, la privation
des moyens nécessaires à l'existence, firent re-
noncer des particuliers à une partie de leur liberté, et les déterminèrent à se donner un
maître. Toutefois cette sujétion ne ressemblait
aucunement à l'esclavage des Romains : c'était
plutôt une sorte de patronage qui mettait le
faible sous la protection du fort, et que rendaient souvent nécessaire les guerres fréquentes qui éclataient entre toutes les petites peuplades dont les Gaules étaient composées. Telle
fut l'origine des main-mortes, l'un des caractères qui distinguaient le droit coutumier des
anciens Gaulois.

Selon toute apparence, ce droit offrait peu
de règles sur les contrats; mais cette matière
appartient au droit des gens, et partout on a
su que, dans la vente, il faut une chose et un
prix; que le bail ne confère pas la propriété de
la chose louée; que toute société doit être contractée dans l'intérêt commun; que celui qui
emprunte une chose s'oblige à la rendre; que
le débiteur qui a donné un gage ne peut le re-

tirer avant d'avoir payé la dette ; que la bonne
foi doit présider à la formation des contrats et
à leur exécution. Dans la Gaule cisligéritaine,
et du tems de Théodose, on n'observait pas le
droit romain pour les contrats.

Grosley en trouve la preuve dans une comé-
die attribuée à un écrivain d'Aquitaine. Un per-
sonnage dit à l'autre : « Passez la Loire, vous
» tombez dans un pays où l'on vit encore sous
» le droit des gens, où l'on ne connaît point le
» secours des lois équivoques, où, sous un
» chêne, un juge rustique rend des arrêts, etc. »

Telles étaient les choses, sous ces rapports,
lorsque les Romains firent la conquête des Gaules. Voyons dans quel état les Francs les ont
trouvées lorsqu'ils en chassèrent les premiers
vainqueurs.

Droit romain dans les Gaules.

V. Rappelons-nous qu'il est important, dans
cette matière, de diviser les Gaules en deux parties, séparées par la Loire. Les Celtes et les
Aquitains, amollis et corrompus par le voisinage des villes grecques et romaines ancienne-
ment établies dans le midi de la France, reçurent plus facilement le joug des Romains que
les peuples septentrionaux, vigoureux, aguer-

ris, passionnés pour leur liberté, et singuliè-
rement jaloux de conserver leurs lois, leurs
coutumes particulières et leurs privilèges. Parlons d'abord des premiers.

« A mesure que les Romains étendirent leurs
conquêtes dans les Gaules, leur langue, leurs
mœurs et leurs lois s'y établirent comme dans
les autres pays; car tout l'empire romain ne
faisait qu'un grand corps gouverné par un même
esprit, et dont toutes les parties étaient unies
par leurs besoins mutuels. Tous les gouverneurs
des provinces et tous leurs officiers, jusqu'aux
appariteurs, étaient romains, sans compter
le reste de leur suite, toujours nombreuse, qu'ils
appelaient leur cohorte; et leurs emplois du-
raient si peu, que le séjour des provinces ne
pouvait faire en eux de changemens considérables. C'étaient des Romains, et même des chevaliers, qui étaient publicains ou fermiers des
revenus publics. Les soldats qui composaient
les légions étaient romains; et, outre ceux-ci,
que le service de l'Etat attirait dans les provinces, il y avait toujours un grand nombre de
citoyens romains qui y demeuraient pour leurs
affaires particulières, pour exercer la banque
ou le commerce, pour cultiver des terres,
nourrir du bétail, particulièrement dans les co-

lonies. Plusieurs, sans sortir de Rome ou de l'Italie, tiraient de grands revenus des provinces par le moyen de leurs esclaves.

» D'autre part, les habitans des provinces venaient souvent à Rome, soit pour les affaires publiques de leur pays, en qualité de députés, soit pour leurs affaires particulières, ou pour leur cour, ou par curiosité. Les plus considérables avaient droit d'hospitalité avec les citoyens les plus puissans, ou, du moins, étaient sous leur protection. Quelques-uns s'établissaient à Rome, devenaient citoyens, sénateurs et magistrats, jusque là que plusieurs empereurs étaient originaires des provinces. Enfin, ils devenaient souvent romains, sans sortir de leur pays, par le droit de cité, qui s'accordait non-seulement à des particuliers, mais à des villes entières; et depuis que l'empereur Antonin le donna à tous les sujets de l'empire, il y eut des Romains de toutes nations.

» Il est vrai que ce grand commerce n'apporta pas un changement égal dans toutes les provinces; car les Romains faisaient grande différence entre les Grecs, et tous les autres peuples qu'ils nommaient *barbares*. Comme ils étaient redevables aux Grecs de toute leur politesse, et tenaient d'eux les sciences et les beaux-arts , ils eurent toujours pour eux un certain respect, et contens de leur commander, ils les laissèrent vivre suivant leurs anciennes lois. Au contraire, ils méprisaient les barbares, sur lesquels ils avaient l'un et l'autre avantage de la politesse et de la force, et ils croyaient ne leur pouvoir faire un plus grand bien que de les faire vivre à la romaine. Les barbares, de leur côté, admiraient les Romains, et s'efforçaient d'imiter leur manière de vivre, plus commode et plus magnifique que la leur; et cette différence de mœurs partageait tout l'empire. »

La Gaule septentrionale conserva cependant une partie de sa liberté, et ne devint pas toute Romaine. Auguste la réduisit en provinces; elle fut gouvernée, depuis Constantin, par l'un des quatre préfets du prétoire, et cependant les Gaulois continuaient à se choisir tous les ans un prince et un général d'armée, en présence des commissaires de l'empereur. Les Druides ont encore long-tems rendu la justice. Presque toute la Belgique se gouvernait selon ses lois, et elle n'était pour Rome qu'une alliée tributaire.

Cette alliance dura paisiblement jusqu'au tems de Gallien, lorsque la conduite de ce prince souleva contre lui toutes les provinces romaines. L'état où les Gaules se trouvaient alors faisait espérer qu'elles n'entreraient point dans cet esprit de conjuration, puisqu'en effet le joug qu'on leur avait imposé était le moins difficile à porter. Cependant elles le brisèrent et se donnèrent un empereur. La célèbre Victorine, veuve, riche et belle, et vivant dans l'indépendance, employa sa fortune et toutes les ressources d'un esprit actif et insinuant pour affranchir son pays. On dit qu'elle était aussi capable de réussir dans les grandes choses, que de plaire dans les petites. Elle pensait assez noblement sur l'usage des biens de la fortune, pour les employer par préférence à avancer les sujets d'un certain mérite, à entretenir l'abondance dans les camps et à procurer aux soldats toutes les douceurs de leur état.

Ce nouvel ordre de choses promettait une longue durée, mais les Romains ayant reconnu que les armes étaient insuffisantes, employèrent la ruse, et reprirent leur première autorité sur les Gaules ; et comme cet événement leur avait révélé le secret des forces de la Belgique, ils la traitèrent encore avec plus de douceur qu'auparavant, et l'on voit, sous l'empereur Tacite, le sénat romain envier la liberté dont avait toujours joui celui de Trèves.

Toutefois la domination des Romains procura aux Gaulois un bienfait inappréciable : ce fut l'introduction du christianisme, qui adoucit leurs mœurs et amena dans leurs lois des changemens utiles. Il fit parmi eux des progrès très-rapides, sur-tout depuis que Constantin en eût permis l'exercice public; et si les sujets de Clovis s'empressèrent d'applaudir à son mariage avec Clotilde, ce fut dans l'espérance qu'il embrasserait bientôt la religion de la reine.

Lorsque les barbares s'introduisirent dans les Gaules, ils en trouvèrent la partie méridionale toute romaine et la partie septentrionale soumise à ses anciennes mœurs et à ses coutumes, lesquelles avaient de l'analogie avec leurs propres usages.

Mœurs des barbares.

VI. « Les Francs et les autres barbares conquérans apportèrent un nouveau droit dans les Gaules; mais comme ils n'avaient aucun usage des lettres en leur langue, [ce droit ne se transmettait que par la tradition.] Dans les premiers tems de leurs incursions, ils n'avaient que des coutumes, qu'ils observaient dans les jugemens, comme ils les avaient reçues de leurs pères; et leur manière de vivre ne leur donnant pas grande matière de procès, ne leur permettait pas aussi d'y observer beaucoup de formalités. Tous ces peuples venaient de Germanie; et *Tacite* nous apprend, dans un traité fait exprès, quelles étaient les mœurs des Germains. La guerre et la chasse faisaient leur occupation; ils n'avaient ni habitations fixes, ni d'autres biens que des bestiaux; ainsi leurs différends ordinaires n'étaient que pour des querelles ou pour des larcins, et on les décidait dans des assemblées publiques, ou sur les dépositions de témoins produits sur-le-champ, ou par le duel, ou par les épreuves de l'eau et du feu. Les Romains [et les Gaulois méridionaux], quoique soumis à ces barbares par la force des armes, ne les imitaient en rien, et en avaient horreur du commencement : c'était comme à notre égard des Cosaques et des Tartares. D'ailleurs, les barbares ne faisaient pas leurs conquêtes pour acquérir de la gloire, mais pour butiner et pour subsister plus commodément que chez eux; se contentant d'être les maîtres, ils laissaient vivre les [peuples conquis] comme auparavant; au contraire, ils imitaient leurs mœurs. Enfin, l'esprit et la politesse des peuples vaincus les rendaient maîtres de leurs vainqueurs en tout ce qui demandait quelque connaissance des lettres et des arts.

» Cette dépendance augmenta par la conversion des barbares à la foi chrétienne. Ils révérèrent comme des personnes sacrées les évêques et les prêtres, qu'ils admiraient déjà comme des savans; et les [Gaulois méridionaux] commencèrent à ne les plus trouver si barbares, et à leur obéir plus volontiers. C'était néanmoins encore deux peuples différens de langue, d'habits, de coutumes; et leur distinction semble avoir duré en France pendant les deux premières races de nos rois : elle se conserva particulièrement dans les lois, et comme on était obligé de rendre justice à chacun selon la loi sous laquelle il était né, ou qu'il avait choisie (car ce choix était permis), on jugea à propos de rédiger par écrit les lois, ou, pour mieux dire, les coutumes des barbares.

» Nous les avons encore sous le titre de *Code des lois antiques*, recueillies en un seul volume qui comprend les lois des Visigoths, un édit de Théodoric, roi d'Italie, les lois des Bourguignons, la loi salique et celle des Ripuariens, qui sont proprement les lois des

Francs; la loi des Allemands, c'est-à-dire des
peuples d'Alsace et du Haut-Palatinat ; les lois
des Bavarois, des Saxons, des Anglais et des
Frisons ; la loi des Lombards, beaucoup plus
considérable que les précédentes, les capitulaires de Charlemagne, et les constitutions des
rois de Naples et de Sicile. Sans examiner chacune de ces lois en particulier, je parlerai seulement de celles qui ont le plus de rapport à
la France, après avoir observé qu'il n'y en a
aucune dont on ne puisse tirer de grandes lumières pour l'histoire ou pour la jurisprudence,
et que celles qui ont été faites pour les peuples
les plus éloignés de nous ne laissent pas de nous
pouvoir être utiles, plusieurs ayant été rédigées
de l'autorité des princes français ; joint que
tous ces peuples du Nord venant de même
origine et ayant ensemble un commerce con-
tinuel, gardaient une grande conformité dans
leurs mœurs. Je parlerai de ces lois suivant le
tems où elles ont été écrites, qui a suivi à pro-
portion l'ordre des conquêtes et de l'établissement des nations.

Lois des Visigoths.

VII. » Les plus anciennes sont les lois des
Visigoths, qui occupaient l'Espagne, et, dans les

Gaules, une grande partie de l'Aquitaine.
Comme ce royaume fut le premier qui s'établit, aussi ses lois paraissent avoir été écrites
les premières. Elles furent premièrement rédigées sous Evarix, qui commença à régner en
466, et comme elles n'étaient que pour les
Goths, son fils Alaric fit faire pour les Romains
[et les Gaulois soumis à son empire] un abrégé
du *Code Théodosien* (1), par Anien, son chancelier, qui le publia en la ville d'Aire en Gascogne. Anien y ajouta quelques interprétations,
comme une espèce de glose, du moins il souscrivit pour leur donner autorité, car on n'est
pas assuré qu'il les ait composées lui-même.
Ce qui est certain, c'est que cet abrégé fut autorisé du consentement des évêques et des nobles, en 5o6, et que l'on y avait voulu comprendre tout le droit romain qui était alors en
usage. [Il se composait non-seulement du *Code
Théodosien*, mais encore de deux codes antérieurs connus sous les noms de *Grégorien* et
d'*Hermogénien*, parce qu'apparemment leurs
auteurs s'appelaient *Grégoire* et *Hermogènes*.]
On y ajouta, dans la suite, les nouvelles cons-

(1) C'était une collection des constitutions faites par les empereurs depuis Constantin jusqu'à Théodose-le-Jeune, par
l'ordre de qui elle fut promulguée.

titutions de Théodose et celles des empereurs qui lui succédèrent. Il y avait aussi des livres de jurisconsultes autorisés par Théodose, savoir : ceux de Papinien, de Paul, de Caïus, d'Ulpien, de Modestin et des autres dont ils allèguent les autorités, et qui sont Scévola, Sabin, Julien et Marcel. Cette restriction fait voir que les livres des autres jurisconsultes dont nous voyons des fragmens dans le *Digeste,* n'étaient alors d'aucune autorité, ou n'étaient pas connus en Occident.

» On fit, dans la suite, un autre extrait de ce code, qui ne contenait que les interprétations d'Anien, et qu'ils appelaient *Scintilla.*

» La loi gothique ayant été augmentée par les rois suivans, à la fin, quand on crut y avoir assez ajouté pour y trouver la décision de toutes sortes de différends, l'on en fit un corps divisé en douze livres, pour imiter, disent quelques-uns, le *Code Justinien,* quoiqu'il n'y ait aucun rapport dans l'ordre des matières. On ordonna que ce recueil serait l'unique loi de tous ceux qui étaient sujets des rois goths, de quelque nation qu'ils fussent ; et par ce moyen on abolit en Espagne la loi romaine, ou plutôt on la mêla avec la gothique ; car on en tira la plus grande partie de ce qui fut ajouté aux anciennes lois. Ce recueil s'appelait *le livre de Loi gothique*; et le roi Egica, qui régna jusqu'en 701, c'est-à-dire douze ans avant l'entrée des Maures en Espagne, le fit confirmer, par les évêques, au seizième concile de Tolède, l'an 693. On y voit les noms de plusieurs rois; mais tous sont depuis Recarède, qui fut le premier entre les rois goths catholiques. Les lois précédentes sont intitulées *Antiques*, sans qu'on y ait mis aucun nom de rois, non pas même celui d'Evarix; et peut-être a-t-on supprimé ces noms en haine de l'arianisme. Ces lois antiques, prises séparément, ont grand rapport avec celles des autres barbares; ainsi elles comprennent toutes les coutumes des Goths, que le roi Evarix avait fait écrire. Mais à prendre la loi gothique entière, c'est sans doute la plus belle comme la plus ample de toutes celles des barbares, et l'on y trouve l'ordre judiciaire qui s'observait du tems de Justinien, bien mieux que dans les livres de Justinien même. C'est le fond du droit d'Espagne, et elle s'est conservée en Languedoc long-tems après que les Goths ont cessé d'y commander, comme il paraît par le second concile de Troyes, tenu par le pape Jean VIII en 878.

Lois des Bourguignons.

VIII. » La loi des Bourguignons fut réfor-
mée par Gondebaud, l'un de leurs derniers
rois, qui la publia à Lyon le 29 de mars de la
seconde année de son règne, c'est-à-dire en
5o1. C'est du nom de ce roi que ces lois furent depuis nommées *Gombettes*, et toutefois
il n'en était point le premier auteur. Il le reconnaît lui-même, et Grégoire de Tours le té-
moigne, lorsqu'il dit que Gondebaud donna
aux Bourguignons des lois plus douces, pour
les empêcher de maltraiter les Romains. Il y a
quelques additions qui vont jusqu'en l'an 52o,
ou environ, c'est-à-dire dix ou douze ans avant
la ruine du royaume des Bourguignons. Cette
loi fait mention de la romaine, et l'on y voit
clairement que le nom de *barbare* n'était
point une injure, puisque les Bourguignons
mêmes, pour qui elle est faite, y sont nommés
barbares, pour les distinguer des Romains. Au
reste, comme ce qui obéissait aux Bourguignons est environ le quart de notre France,
on ne peut douter que cette loi ne soit entrée
dans la composition du droit français.

Lois des Francs.

IX. » Quant à la loi salique, qui fut la loi

particulière des Francs , sa préface porte qu'elle avait été écrite avant qu'ils eussent passé le Rhin , et marque les lieux des assemblées , avec les noms des quatre sages qui en furent les auteurs. Mais cette histoire est suspecte , et je crois qu'il est plus sûr de s'arrêter à l'édition que nous en avons, sans trop rechercher si c'est la première rédaction ou une réformation. Elle fut faite de l'autorité des rois Childebert et Clotaire, enfans de Clovis ; et il y est dit expressément que l'on y abolit tout ce qui ressentait le paganisme dans les anciennes coutumes des Francs. [A la fin d'un exemplaire de cette loi, on trouve quelques additions , sous le nom de *décrets* des mêmes rois Childebert et Clotaire, qui sont les résultats des assemblées solennelles du premier jour de mars.]

» La loi des Ripuariens n'est quasi qu'une répétition de la loi salique ; aussi l'une et l'autre étaient pour les Francs ; et l'on croit que la loi salique était pour ceux qui habitaient entre la Loire et la Meuse , et l'autre pour ceux qui habitaient entre la Meuse et le Rhin. Le roi Théodoric , étant à Châlons-sur-Marne , avait fait rédiger la loi des Ripuariens avec celle des Allemands et des Bavarois , tous peuples de son obéissance. Il y avait fait plusieurs corrections , principalement de ce qui n'était pas conforme au christianisme. Childebert, et ensuite Clotaire II, les avaient encore corrigées : enfin Dagobert les renouvela et les mit en leur perfection par le travail de quatre personnes illustres, Claude, Chaude, Indomagne et Agilulfe ; et c'est ainsi que nous les avons. »

Nous allons donner un tableau de ces lois, d'après *Cordemoi* (1). C'est la source commune où presque tous les historiens ont puisé, pour se dispenser de remonter plus haut, et *Velly* l'a presque toujours copié.

Des lois sous Dagobert.

X. 1°. *Jugemens.* Les nobles, c'est-à-dire les Francs, étaient seuls chargés de gouverner les provinces, de commander les armées et de rendre la justice. Ceux qui gouvernaient une province s'appelaient *ducs*, on donnait le titre de *comtes* à ceux qui avaient l'administration d'une grande ville et du pays qui en dépendait. On confiait les villes d'un ordre inférieur et leur territoire à un magistrat appelé *vicaire* ou *viguier*. Un centenier était préposé pour un bourg et pour tout un petit pays. Le centenier et le viguier étaient soumis au comte. En-

(1) *Histoire de France.*

fin les causes fiscales étaient jugées par les *gra-fions*. Les rois jugeaient souvent eux-mêmes les causes importantes. Ils avaient des commissaires qui portaient le nom de *missi*, et qui allaient dans des lieux désignés pour recevoir et juger les plaintes des justiciables contre les juges. Il y avait aussi des *petits envoyés* qui parcouraient tout le royaume, et prononçaient sur les contestations de peu d'importance.

A cette époque, la justice était tellement inséparable des armes, qu'on ne la rendait que l'épée au côté. Cet usage est encore suivi dans une grande partie de l'Allemagne. On élevait un bouclier au milieu de la séance, et c'était la marque des jugemens solennels.

Les comtes étaient assistés dans les jugemens et remplacés pendant leur absence par des assesseurs ou conseillers, que l'on appelait *rachimburges*. C'est sur eux seuls que *Cordemoi* fait peser les obligations que la loi imposait aux juges; mais il est permis de croire que tous les autres y étaient soumis.

On devait prononcer selon les termes de la loi. Ceux qui enfreignaient cette règle étaient condamnés par les *missi* à une amende considérable. On observe, au surplus, que jamais loi ne fut si exacte et laissa moins dépendre les causes de l'arbitrage du juge, que celle des Français.

Dès qu'une cause était en état, on devait prononcer. Le déni de justice était puni d'une amende, ou, pour mieux dire, de dommages-intérêts au profit de la partie plaignante. Ils consistaient en 21 sous d'or pour le premier jour de retard, et 105 pour le second (*G. pén.*, art. 185). *Cordemoi* évalue le sou d'or à 5 liv. tournois ; mais l'*Encyclopédie* le porte à 10 l. 8 s. 4 d.

Quant à ceux qui recevaient des présens, ils étaient punis par la perte de la liberté et par la confiscation de leurs biens (*C. pén.*, art. 177, 181).

La peine portée contre la partie qui refusait d'exécuter un jugement était encore bien plus sévère : non-seulement ses biens étaient confisqués, mais après ce dernier jugement rendu, nul n'osait accorder ni de la nourriture, ni une simple retraite au condamné. Cette défense était imposée à sa femme elle-même, et si elle l'enfreignait, on la condamnait à une amende de 5 sous d'or.

2°. *Instruction.* Nous avons dit qu'on ne laissait rien à l'arbitrage du juge. En effet, on n'en laissait pas même dépendre les causes douteuses : la loi voulait qu'elles fussent décidées par le duel, ou par le serment, ou par ce qu'on appelait *les épreuves.*

Il avait existé, jusque là, une grande différence entre la loi ripuaire et la loi gombette. La première, dans les causes douteuses, admettait le défendeur à se purger par serment, en faisant jurer avec lui d'autres personnes. La célèbre Frédégonde, étant accusée, fut admise à jurer qu'elle était innocente, et le fit jurer par un grand nombre de témoins. On pensait, lorsque beaucoup de personnes de probité consentaient à attester l'innocence d'un accusé, que c'était Dieu qui les suscitait, et l'on croyait à cette innocence ; mais Gondebaud disait que c'était exposer les gens à affirmer des faits obscurs, ou à se parjurer sur des faits certains ; aussi les Bourguignons, au lieu du serment, pratiquaient le duel. Les deux genres de preuves furent adoptés par la loi nouvelle ; mais il paraît qu'on se purgeait d'une accusation d'abord par le duel, et qu'on ne recourait au serment que dans le cas où il ne se présentait pas de champion pour combattre.

L'histoire des hommes n'est souvent que le récit de leurs travers et de leurs folies. Une grande controverse s'éleva en Espagne sur la

question de savoir lequel on suivrait, de préférence, du missel romain ou du missel mozarabique. Deux champions furent choisis, et celui
du missel mozarabique terrassa son adversaire.

En France, la preuve par le duel fut élen-
due des matières criminelles aux matières purement civiles; mais on n'y soumettait que le
point de fait : le juge prononçait ensuite selon
le droit. L'accusé avait le choix des armes, et
dès que l'on voyait paraître les étoiles, s'il n'a-
vait pas été vaincu, il était déclaré innocent.

L'Eglise réclama contre cette jurisprudence
barbare. Un concile, tenu à Valence en 855, la
condamne, excommunie le vainqueur, et prive
le vaincu des honneurs de la sépulture; mais
elle reprit un nouvel empire sous la tyrannie
féodale. Les rois s'appliquèrent de nouveau à
la détruire, et S. Louis l'abolit entièrement dans
ses domaines.

Nous avons dit que des témoins devaient affirmer avec l'accusé. Celui - ci les indiquait
parmi ses parens, les personnes de son sexe et
de sa profession. Quelquefois le juge les nommait d'office, ou bien on les tirait au sort. Ils
devaient être irréprochables, connus de l'accu-
sateur, domiciliés dans le lieu où ils affirmaient.
Leur nombre dépendait de l'importance de

l'objet, du mérite ou de la qualité des personnes. Au surplus, le serment était un acte solennel : il se prêtait le matin, à jeun, sur un autel
ou sur le tombeau des saints. L'accusé avait les
mains étendues sur celles des témoins, et affir-
mait son innocence.

On peut voir, dans *Montesquieu*, les détails
relatifs aux épreuves par le fer chaud, l'eau
bouillante et l'eau froide, ainsi que les raisons
qu'il en donne. Les rois, les papes et les conciles
se sont souvent élevés contre cette superstition :
la coutume a long-tems prévalu.

3°. *Lois pénales.* Cette partie de la législation de Dagobert nous donne une juste idée des
mœurs des anciens Français. Elle prévoit tous
les crimes et jusqu'aux moindres larcins. Il n'é-
tait pas même permis de se servir d'un cheval
que l'on rencontrait, et si l'on n'avait pas
obtenu la permission du maître, on payait
15 sous d'or. Il en coûtait 200 pour avoir dé-
pouillé un homme endormi ou le cadavre d'un
mort.

Comme les femmes accompagnaient souvent
leurs maris à l'armée, la loi veillait à ce qu'elles
ne reçussent aucune insulte au camp ou dans
la campagne, et punissait d'une amende de 15
sous d'or celui qui avait osé leur toucher la

main. Il en coûtait le double pour leur avoir touché le bras.

Les grands crimes étaient punis avec la dernière rigueur ; mais la peine de mort pouvait être rachetée par une composition, excepté lorsqu'il s'agissait d'une conspiration contre la personne du prince ; ainsi la loi fixait à 200 sous d'or les dommages-intérêts pour le meurtre d'un homme libre, à 100 pour celui d'un Gaulois possesseur, à 45 pour un Gaulois tributaire. On augmentait la peine en raison des circonstances aggravantes.

Ces dommages-intérêts appartenaient aux parens du mort, savoir : moitié aux enfans, un quart aux autres parens du côté paternel, et l'autre quart à la ligne maternelle.

Si le meurtrier était insolvable, ses parens, jusqu'à certains degrés, payaient pour lui. S'ils ne pouvaient le faire, il devenait l'esclave de ceux à qui la composition était due. On observe, à ce sujet, que la famille de l'homicidé et l'État même perdaient moins que si la peine de mort eût été subie : car en laissant vivre le meurtrier on conservait un homme à l'État, et les parens du défunt avaient le profit de la composition ou un esclave.

La famille d'un homme emporté et querelleur pouvait voir sa fortune compromise par de fréquentes compositions ; aussi pouvait-on se *tirer de parentelle* ; ce qui se faisait par une déclaration en jugement et avec certaines formalités. Celui qui recourait à cette voie n'était plus tenu à aucune composition pour ses parens ; mais il n'avait aucune part à celles qui étaient dues à sa famille ; laquelle ne pouvait être forcée à composer pour lui, et comme il mourait sans laisser d'héritiers, puisqu'il avait renoncé à ses parens, l'Etat lui succédait par droit de déshérence.

4°. *Mariages.* On prétend que dans les tems dont nous parlons il y avait peu d'honnêteté dans les mœurs ; ce qu'il y a de certain, e'est qu'il y en avait beaucoup dans les lois. Les principales dispositions que nous allons rapporter se trouvent aujourd'hui dans le *Code civil.*

Il est inutile de dire que le mariage était prohibé en ligne directe, et même entre frères et sœurs. Il n'était pas permis à un homme d'épouser la veuve de son frère ou celle de son oncle, ni la fille de son frère ou de sa sœur. (*C. civ.*, art. 161, 162, 163). La prohibition s'étendait jusqu'aux cousins-germains. Ces mariages étaient déclarés nuls, comme incestueux, et s'il en était provenu des enfans, on les regardait non-seulement comme illégitimes, mais comme des personnes infâmes. Un enfant ne pouvait se marier sans le consentement de ses parens. (*C. civ.*, art. 148, 149, 150, 160).

Celui qui voulait se marier devait offrir aux parens de la future une somme qui n'est pas déterminée par la loi. *Cordemoi* pense, d'après l'exemple de Clovis et une formule de *Marculfe*, qu'elle consistait en un sou d'or et un denier. On offrait, pour une veuve, 3 sous d'or et un denier, et cette somme appartenait à ceux des parens du mari qui ne lui avaient pas succédé. On offrait davantage pour une veuve, parce qu'elle était devenue de condition libre ; tandis qu'une fille ne faisait que passer de la puissance de ses parens sous celle de son mari.

A l'époque dont nous parlons, les exemples des Romains avaient influé sur les usages des Français. Le mari était maître du bien que la femme avait apporté et de celui qui lui était échu par succession, et, ce qui était exorbitant du droit romain, c'est que si ces biens avaient été dissipés par le mari, la femme ne pouvait en demander la restitution. *Cordemoi* donne un bien mauvais motif à cette disposition de la loi ripuaire, adoptée par Dagobert.

Quoique la femme suive ordinairement la condition de son mari, l'homme libre qui épousait une femme esclave devenait esclave comme elle. C'est apparemment par une raison semblable qu'une fille libre qui se laissait enlever perdait la liberté.

5°. *Mariage non solennel.* Une loi des douze tables, rapportée par *Aulu-Gelle*, porte que si un homme et une femme ont vécu ensemble, pendant un an, à titre d'époux, *causa matrimonii*, il se forme entre eux, et par le seul fait, une union telle que la femme passe sous la puissance de son mari. C'était la troisième espèce de mariage connue à Rome, et on l'appelait mariage *ex usu*. On donnait à la femme le titre de concubine, nom qui est pris aujourd'hui en mauvaise part, mais qui n'en désignait pas moins une épouse légitime. Elle pouvait même être condamnée pour adultère. *S. Augustin* pensait que quand cette cohabitation emportait avec soi le vœu de la perpétuité, c'était un véritable mariage.

Il paraît que les Romains ont apporté cet usage dans les Gaules. Peut-être cependant qu'avant l'une et l'autre invasion il était connu des Francs. Ce qu'il y a de certain, c'est qu'il est encore pratiqué aujourd'hui dans quelques parties de l'Allemagne, sous le nom de *demi-mariage* ou de *mariage de la main gauche*.

Ainsi les femmes et les enfans étaient légitimes, mais les enfans ne succédaient que quand leur père l'avait ordonné.

Le mariage dont nous venons de parler était dans les usages et non dans les lois rédigées par l'ordre de Dagobert. Voilà pourquoi *Cordemoi* n'en parle pas dans cet endroit de son histoire. Il en est de même du divorce, quoiqu'il en soit question dans *Marculfe*.

6°. *Divorce.* On voit, en effet, dans une de ses formules, que quand deux époux ne peuvent pas vivre en bonne intelligence, il leur est permis de se séparer, ou pour embrasser la vie monastique, ou pour contracter un autre mariage. L'ancienne discipline et les lois ecclésiastiques étaient tellement obscurcies, que le concile de Verberie, tenu en 753, et celui de Compiègne, en 757, autorisaient ces seconds mariages. La lèpre était encore une cause de divorce ; mais il y avait si peu d'uniformité dans la jurisprudence, qu'à la même époque, et probablement vers l'an 754, une assemblée générale reconnut l'indissolubilité du mariage.

7° *Successions*. Voici ce que *Cordemoi* dit sur cette matière.

« Pour le droit des successions, il était réglé de sorte que, quand un homme mourait, ses enfans étaient ses héritiers : à leur défaut, c'était son père et sa mère, ou, s'il n'en avait point, ses frères et ses sœurs, après lesquels on appelait les sœurs du père, celles de la mère, et enfin le plus proche héritier du côté paternel. » (*C. civ.*, art. 745, 748, 750).

» Mais il faut remarquer qu'il y avait souvent dans les successions de deux sortes d'héritages, dont les uns appartenaient tellement à ceux qui les possédaient, qu'ils les pouvaient vendre ou donner à qui bon leur semblait, sans en demander la permission à personne. Les autres étaient de telle nature, que ceux qui les possédaient n'en étaient pas propriétaires. Tels étaient *les bénéfices* , c'est-à-dire les terres qu'on tenait du prince ou de l'Eglise, avec obligation de faire certains services, et de payer quelques rentes ou pensions annuelles. Telles étaient aussi les terres qu'on appelait *saliques ;* et c'étaient celles qui furent distribuées aux Français après la conquête des Gaules. [Les Saliens appelaient de leur nom les terres conquises ; c'est peut-être à l'exemple des Romains, qui appelaient *domaine quiritaire* celui qu'ils avaient sur les biens acquis dans les combats. Les Francs avaient laissé] aux Gaulois les deux tiers de leurs terres, et partagèrent l'autre tiers, en sorte que les soldats ne possédaient leurs portions qu'avec dépendance de celles des officiers, comme les officiers ne possédaient la leur qu'avec une certaine subordination qui, les soumettant par degrés les uns aux autres, faisait que tout enfin relevait du prince.

» On ne souffrait pas que ces terres, acquises par les armes, fussent possédées par des femmes, et l'art. 6 du tit. 62 de la loi salique, qui le défend, est conçu en ces termes : *Pour la terre salique, aucune portion n'en viendra aux femmes ; mais ce qu'il y en aura dans l'hérédité ira aux mâles.* C'est par cette raison que les femmes n'ont point de part à la couronne de France ; et le droit de succéder au royaume a tellement suivi celui de succéder à la terre salique, que comme on ne la partageait qu'entre les mâles, le royaume se partageait entre les enfans des rois, sans que les filles y eussent aucune part. »

8°. *Adoption. Cordemoi* ajoute que l'adoption était permise quand on n'avait point d'enfans. Elle se faisait devant le roi, qui en donnaît des lettres. L'adopté était considéré comme fils de l'adoptant ; il entrait de suite en possession des biens de ce dernier, à la charge de lui fournir toutes les choses dont il avait besoin pour vivre commodément, suivant sa condition.

On voit que cette adoption différait essentiellement de celle des Romains ; la nôtre ne lui ressemble pas davantage. Mais je trouve, dans l'histoire, des exemples d'adoption qui avaient lieu, quoiqu'on eût des enfans. J'y vois aussi l'adoption conférée par testament; ce qui n'était guère alors, de quelques termes que l'on se servît, qu'une institution d'héritier. C'est sous ce dernier rapport que nous l'envisageons aujourd'hui.

Droit français sous la seconde race.

XI. Sous les règnes toujours agités et souvent éphémères des successeurs de Dagobert, on ne voit pas que le droit français ait fait de grands progrès. Charlemagne lui-même ne put, malgré tout son désir, établir une législation uniforme et qui fût à la hauteur de son génie. Obligé de céder au tems, il laisse chacun vivre sous la loi qu'il a choisie. Il fait chercher les livres de Justinien, et ne pouvant les trouver, il se contente de faire copier le *Code Théodo-*

sien sur l'édition d'Alaric. Lui et ses premiers successeurs firent beaucoup de capitulaires ; mais ces ordonnances étendirent les bornes dans lesquelles le droit français avait été resserré par les lois barbares, sans toutefois suppléer à l'insuffisance de ces lois. A peine y trouve-t-on quelques dispositions qui puissent former des principes de jurisprudence.

Les rois de la première race, pour traiter toutes les affaires publiques, assemblaient tous les ans la nation, c'est-à-dire les évêques, les abbés et les comtes. On croit même que tous les Francs avaient le droit de s'y trouver, et que les Gaulois seuls en étaient exclus. Le résultat de chaque assemblée, rédigé par écrit et distribué par chapitres, s'appelait *capitulaire*, et devenait loi obligatoire pour tout l'empire. Ceux qui concernaient le gouvernement civil expliquaient ou modifiaient les lois barbares. Ces assemblées étaient plus fréquentes sous les premiers rois de la seconde race ; mais après le règne de Charles-le-Chauve on ne voit plus de capitulaires importans. Quoi qu'il en soit, telle fut l'origine des lois, qui depuis portèrent le nom d'*ordonnances*. Aujourd'hui, les ordonnances ne sont plus que des réglemens d'administration générale pour procurer l'exécution des lois et assurer le repos de l'Etat. Une loi ne peut être portée qu'avec le concours des deux chambres. (*Charte*, art. 14 et 15.)

« L'autorité des capitulaires ne pouvait manquer d'être grande, puisque le roi les faisait par le conseil des principaux de ses sujets, du consentement de tous. Ils furent donc observés par tout l'empire, c'est-à-dire quasi par toute l'Europe, principalement pendant le règne de Charlemagne, de Louis-le-Débonnaire et de ses enfans. Outre le soin que l'on prenait de les faire connaître à tous les peuples, une des principales charges des intendans ou envoyés du prince était de les faire exécuter dans les provinces de leurs départemens. Longtems après, les capitulaires étaient encore considérés comme des lois.

» On voit le soin que les rois eurent de conserver la loi romaine par un article des capitulaires de Charles-le-Chauve, où, après avoir établi une peine contre ceux qui usent de fausses mesures, il ordonne que dans les pays sujets à la loi romaine les coupables seraient punis suivant cette loi, ajoutant que ni lui, ni ses prédécesseurs n'ont jamais prétendu rien ordonner qui y fût contraire ; ce qu'il répète souvent dans le même édit. De plus, la lo romaine n'était pas moins nécessaire en ces tems-là pour ceux qui n'étaient point romains que sous la première race. Les capitulaires, qui étaient les seules lois nouvelles, contiennent peu de choses qui puissent fournir des principes de jurisprudence. Une grande partie ne regarde que la discipline ecclésiastique, et l'on y a transcrit des canons des anciens conciles. Ceux qui traitent des choses temporelles ne regardent souvent que des affaires particulières ; il y en a même qui visiblement ne sont que des instructions pour les commissaires envoyés dans les provinces : le peu qui reste d'articles généraux sont des lois fort imparfaites. Ce sont plutôt des exhortations à la vertu que des lois pénales ; et comme on sait que les ecclésiastiques en étaient les principaux auteurs, on pourrait les soupçonner de n'avoir pas assez distingué le style des lois qui commandent et qui se font exécuter par la force, d'avec le style des avis charitables et des préceptes de morale ; il fallait donc toujours avoir recours aux lois romaines pour les questions de droit, particulièrement dans les matières des contrats et de l'état des personnes ; car les serfs étaient un des plus fréquens sujets des différends. »

Désordres du dixième et du onzième siècles.

XII. « Sur la fin de la seconde race de nos rois et vers le commencement de la troisième, l'Italie et les Gaules étaient tombées en une anarchie et une confusion universelles. Ce désordre commença par la division des enfans de Louis-le-Débonnaire, et s'accrut considérablement par les ravages des Hongrois et des Normands, qui achevèrent d'y éteindre le peu qui restait de l'esprit et des manières romaines. Mais le mal vint au dernier excès par les guerres particulières, très-fréquentes alors, non-seulement entre les ducs et les comtes, mais généralement entre tous ceux qui avaient une maison forte pour retraite ; car tout le monde portait les armes, sans excepter les évêques avec leurs clercs, et les abbés avec leurs moines, et il ne leur restait plus d'autre moyen de se garantir du pillage, après avoir employé en vain pendant long-tems les prières et les censures ecclésiastiques. Ces petites guerres étaient conformes aux anciennes mœurs des barbares, et on en voit des causes dans leurs lois. Outre le duel, qui était un des moyens ordinaires de décider les causes obscures, ils avaient le droit, appelé *faide*, par lequel il était permis aux parens de celui qui avait été assassiné de tuer le meurtrier, quelque part qu'ils le rencontrassent, excepté en certains lieux, comme à l'église, au palais du prince, en l'assemblée publique, à l'armée, et lorsqu'il était en chemin pour y aller ; car en ces rencontres celui qui était sujet à cette vengeance était en paix. Ainsi une seule mort, même d'accident, en produisait d'ordinaire plusieurs autres. C'est apparemment à cause de ce droit que les lois n'ordonnaient point de peine de mort contre les meurtriers, mais seulement des peines pécuniaires ou plutôt des estimations de dommages et intérêts ; aussi les nomment-elles compositions. [Nous avons vu qu'il] était au choix des parens de venger la mort ou de se contenter de cet intérêt civil. Quoi qu'il en soit, les petites guerres étaient établies universellement en France pendant le dixième siècle.

» Comme il est difficile de ramener à la raison des esprits une fois effarouchés, tout ce que purent faire d'abord les ecclésiastiques les plus zélés et les princes les plus religieux, fut d'obtenir une cessation d'armes limitée à certains jours, c'est-à-dire depuis le soir du mercredi de chaque semaine jusqu'au lundi matin. Pendant ces jours, tout acte d'hostilité était défendu à l'égard de tout le monde ; d'ailleurs, il y avait certaines personnes qu'il n'était jamais permis de maltraiter, savoir : les clercs, les pélerins et les laboureurs ; tout cela sous peine d'excommunication. C'est ce que l'on appela *la trève de Dieu*, qui fut depuis confirmée et étendue.

» On peut croire que, pendant ces désordres, l'ignorance et l'injustice abolirent insensiblement les anciennes lois , et qu'à force d'être méprisées elles demeurèrent inconnues. Ainsi les Français retombèrent dans un état approchant de celui des barbares, qui n'ont point encore de lois ni de police. Encore étaient-ils plus misérables en ce qu'il leur restait assez de connaissance des arts pour forger des armes et former des forteresses ; de sorte qu'ils avaient plusieurs moyens de se nuire que les sauvages n'ont pas. Ils n'étaient pas ignorans pour le mal comme pour le bien ; la tradition de tous les crimes s'était conservée, et ils avaient la férocité de leurs pères , sans en garder la simplicité et l'innocence. »

Pendant ces tems d'anarchie , toutes distinctions cessèrent entre les habitans de la France, sous le rapport de leur ancienne origine. Les lois barbares s'éteignirent peu-à-peu ; les capitulaires tombèrent dans l'oubli ; l'autorité royale méconnue, n'en promulgua plus de nouveaux. L'érection des grands fiefs ne permettait plus aux rois d'avoir des envoyés dans les provinces pour faire observer leurs lois. Il ne resta plus, de tout l'ancien droit, que les coutumes dans le Nord et la loi romaine dans le Midi. Celle-ci cependant étendait son empire sur toute la France, dans ce sens que tous les ecclésiastiques y étaient soumis, ainsi que ceux qui l'avaient choisie.

» Malgré cette confusion, il restait quelque forme de justice, et les différends ne se terminaient pas toujours par la force. Il y avait différens juges pour les roturiers et pour les nobles. Je me sers de ces noms, dont l'usage est plus nouveau, parce que la distinction qu'ils marquent subsistait dès-lors, et je nomme *roturiers* les paysans, les artisans et les autres personnes franches ou serves qui composaient le menu peuple. Ils étaient jugés par l'autorité des nobles, c'est-à-dire par les chevaliers et autres personnes puissantes, qui commencèrent lors à s'ériger en seigneurs, et à s'attribuer en propriété la puissance publique, dont auparavant ils n'avaient au plus que l'exercice ; car, tant que l'autorité royale fut en vigueur principalement sous la famille de Charlemagne, il n'y avait point d'autre seigneur que le roi ; la justice ne se rendait publiquement qu'en son nom, et par ceux à qui il en donnait le pouvoir. Mais dans les tems de désordres , chacun se mit en possession de juger aussi bien que de faire la guerre et de lever des deniers sur le peuple. Le principal fondement de cette entreprise fut apparemment la puissance domestique : car toute la France était encore pleine de serfs, qui étaient comptés entre les biens, comme faisant partie des héritages, et il fut facile de changer à leur égard l'autorité privée en juridiction. Je crois que l'on confondit avec les serfs quantité de personnes franches, soit qu'elles y consentissent pour être protégées dans ces tems d'hostilité universelle , soit par pure force ; car il est souvent parlé dans les capitulaires de l'oppression des personnes libres et pauvres. Les premiers qui donnèrent l'exemple de cette usurpation furent peut-être les comtes , c'est-à-dire les gouverneurs des bonnes villes, qui avaient déjà, par le droit de leurs charges, l'exercice de la juridiction.

» Ces seigneurs, de quelque manière qu'eût commencé leur pouvoir, rendaient la justice en personne, ou par des officiers pris entre

leurs domestiques. Le sénéchal était le maître-
d'hôtel; les baillifs et les prévôts étaient des
intendans ou des receveurs; et les sergens
étaient de simples valets. Même en remontant
plus haut, on trouve que le sénéchal et les autres étaient non-seulement des domestiques,
mais des esclaves, puisque la loi salique nomme
entre les serfs estimables à prix d'argent, le
maire, l'échanson et le maréchal, et la loi des Allemands nomme le sénéchal et le maréchal. Ces
noms ne furent attribués à des officiers publics
que sous la troisième race. Cette justice était souveraine et se rendait sommairement. Les peines
des crimes étaient cruelles; il était ordinaire de
crever les yeux, de couper un pied ou une main,
d'où vient que les actes de ce tems-là font si
souvent mention de mutilation de membres. Il
semble même que ces peines étaient arbitraires.

» Ces seigneurs qui jugeaient ainsi les roturiers, étaient jugés par d'autres seigneurs. Un
simple chevalier, par exemple, ou un châtelain,
était soumis à la juridiction du comte dont il
était vassal, et le comte, pour le juger, était
obligé d'assembler les pairs de la cour, c'est-à-
dire les autres chevaliers ses vassaux, égaux
entre eux, et de même rang que celui qu'il fallait juger. Le comte était lui-même un des pairs

de la cour de son seigneur, qui était un comte plus puissant, un duc, ou un marquis, et cette subordination remontait jusqu'au prince souverain ; car le roi avait aussi sa cour, composée des pairs de **France**, ses premiers vassaux.

» Mais cet ordre ne s'observait pas toujours. Souvent les nobles, qui se sentaient forts, n'obéissaient point à leurs seigneurs, qui étaient réduits à se faire justice par les armes. Le roi lui-même était obligé de faire la guerre, non-seulement à des pairs de France, mais à des seigneurs beaucoup moindres. »

Des fiefs et des droits seigneuriaux.

« XIII. Les fiefs, qui n'étaient auparavant que des bénéfices à vie, prirent alors une forme nouvelle, devenant perpétuels et héréditaires. On rapporte aussi, avec raison, à ces tems de désordres l'origine de la plupart des droits seigneuriaux, que l'on croit s'être formés par des traités particuliers ou des usurpations.

» En effet, il n'est point vraisemblable que les peuples aient accordé volontairement à des seigneurs particuliers tant de droits contraires à la liberté publique, dont la plupart des coutumes font mention.

» Tels sont les droit de péages, travers,

rouage, barrage, et tant d'autres, comme les droits de giste, de past, de logemens et de fournitures, de corvées, de guet et de garde; les banalités des fours, des moulins et des pressoirs; le ban à vin et les autres défenses semblables. Tous ces droits sentent la servitude de ceux à qui ils ont été imposés, ou la violence de ceux qui les ont établis.

» Je ne dis pas qu'ils ne soient devenus légitimes par le tems et par l'approbation des souverains qui ont autorisé les coutumes; je crois volontiers que plusieurs ont été institués justement : par exemple, pour indemniser un seigneur de la construction d'un pont ou d'une chaussée, ou pour laisser des marques de la servitude dont il avait délivré ses sujets. Plusieurs sont les conditions de l'aliénation des héritages, comme les cens et les rentes foncières en espèces ou en argent, les champarts, les bourdelages et les autres droits pareils. Je dis seulement que ces droits n'ont eu pour la plupart que des causes particulières, comme l'on voit par la diversité de leurs noms selon les pays, et par certains droits bizarres qui n'ont pas même de nom et ne peuvent être venus que du caprice d'un maître. A mesure que la France s'est réunie, le tems a beaucoup emporté de ces droits irréguliers ; plusieurs se sont abolis entièrement, d'autres se sont confondus avec ceux dont ils approchaient le plus, enfin ceux qui se sont trouvés le plus universellement reçus ont passé en droit commun. »

Droits des communes.

XIV. « Les droits des communes et des bourgeoisies apportèrent encore un grand changement ; car ce fut vers ce même tems que les habitans des cités et des villes établirent entre eux des sociétés sous la protection de quelque seigneur, pour se garantir de la tyrannie des autres, et pour être jugés par leurs pairs. Les premiers qui en usèrent ainsi furent apparemment les anciens citoyens des villes épiscopales et les autres personnes libres ; mais, dans la suite, les habitans serfs de plusieurs bourgs et de plusieurs villages donnèrent de grosses sommes à leurs seigneurs pour acheter leur liberté, et pour avoir aussi le droit de se défendre les uns les autres avec différens priviléges.

» Dès le tems des Romains, il y avait en Gaule, comme partout ailleurs, un très-grand nombre d'esclaves. La douceur du christianisme et les mœurs des nations germaniques, peu accoutumées à se faire servir, rendirent insensiblement leur condition beaucoup meilleure ; en sorte que dans [le dixième et le onzième siècle] leur servitude ne consistait plus qu'à être attachés à certaines terres, et à n'avoir pas la disposition libre de leurs biens pour faire des testamens, ni de leurs personnes pour se marier ou s'engager par des vœux. Ainsi le pouvoir des seigneurs se réduisait principalement à trois sortes de droits : poursuite, formariage et main-morte, célèbres dans les coutumes. De là vient que l'on nommait souvent les serfs *gens de poursuite*, ou *de main-morte*, ou *mortaillables*, parce que les seigneurs levaient des tailles sur eux. On les appelait aussi *hommes et femmes de corps*, ou *gens de pote*, ou *vilains*, à cause des villes, c'est-à-dire des villages qu'ils habitaient; mais les affranchissemens se sont rendus si fréquens depuis le règne de S. Louis, qu'il [restait sous Louis XVI] peu de vestiges de ces servitudes. »

Juridiction ecclésiastique.

XV. Il y a un genre d'aristocratie qui l'emportera toujours sur les autres : c'est l'aristocratie des lumières. La force a beau se déployer, exercer son empire, intimider tout ce qui n'est pas elle ; tôt ou tard il faut qu'elle fléchisse devant une sagesse acquise par des études austères et de longues méditations. Le guerrier le plus audacieux oublie sa fierté devant l'interprète des lois qui assurent ses droits, qui protègent sa personne et ses biens. Telle est l'une des causes du pouvoir que les ecclésiastiques ont exercé sur les esprits.

Cependant ce n'est pas sans raison que l'abbé *Millot* (1) accuse l'ambition du clergé. Dès l'instant où il s'est emparé d'une partie de la puissance temporelle, on a vu beaucoup de désordres, et ils ont signalé les siècles dont nous parlons. Il ne s'agit point ici de la souveraineté accordée au pape sur le territoire qu'il possède, mais de l'empire que les clercs ont exercé sur les affaires temporelles. Toutefois ils y ont été conduits autant par la force des choses que par leur ambition. Nous nous plaignons souvent d'abus dont nous sommes la première cause, et l'on peut dire que la puissance civile du clergé ne s'est fondée et accrue que par la faute de ceux qui depuis se sont plaints de ses excès.

Les Francs, toujours occupés à combattre, et ne voyant rien de plus noble que leur épée, dédaignaient l'agriculture, l'industrie et la cul-

(1) *Elémens de l'Histoire de France.*

ture des lettres. Ils en abandonnaient le soin aux Gaulois. Ceux-ci exerçaient donc seuls le sacerdoce, qui exige des connaissances que ne voulaient pas acquérir leurs maîtres. Ils ont même été les premiers rédacteurs des lois barbares. Les prêtres vivaient sous la loi romaine, et elle fut la source du droit canonique. Des tribunaux composés d'évêques appliquaient cette loi dans les différends qui s'élevaient entre les clercs, et observaient par conséquent d'autres formes que celles qui avaient été confirmées par la loi de Dagobert. Ainsi ils rejetaient le duel et les épreuves, et n'admettaient que le serment. Cette manière de procéder était moins sanguinaire et favorisait moins la superstition. Les laïcs la préférèrent souvent, et les causes civiles furent portées devant des juges ecclésiastiques. Il est dans la nature de l'homme que chacun cherche à maintenir son autorité, et même à l'étendre. C'est de là que viennent les empiètemens dont se plaint l'abbé *Millot* et d'autres historiens. Voici, au surplus, ce que dit à ce sujet l'abbé *Fleury*.

« Sous l'empire romain, les évêques terminaient souvent les différends, même entre les séculiers qui, se confiant en leur probité et en leur prudence, les choisissaient pour arbitres. L'utilité connue de ces arbitrages les fit autoriser par une loi du *Code Théodosien*, qui porte : que si l'une des parties déclare se vouloir soumettre au jugement de l'évêque, l'autre est obligée de s'y soumettre aussi, en quelque état que soit la cause. Il ne faut pas douter que cette loi ne fût observée dans les Gaules, où pendant le siècle de Théodose il y eut tant d'évêques illustres en sainteté et en doctrine. Quoique l'autorité des prélats souffrît quelques traverses dans le changement des maîtres, sous les rois de la première race, ils eurent toujours un grand pouvoir, et furent respectés nonseulement par les Romains, mais encore par les barbares nouvellement convertis. Sous les rois de la seconde race, nous trouvons la loi du *Code Théodosien* autorisée solennellement ; car l'empereur ayant fait l'énumération de tous les peuples qui lui étaient soumis, afin de déroger expressément à leurs lois particulières, marque précisément le lieu d'où cette constitution est tirée, ordonne qu'elle soit tenue pour loi comme les capitulaires, même par tous ses sujets, tant clercs que laïcs, et en rapporte enfin les paroles tout au long. Elle fut donc observée tant que l'autorité royale subsista ; et les actes du tems font voir que les évêques et les abbés, aussi bien que les comtes, étaient d'ordinaire donnés pour juges, envoyés dans les provinces pour faire observer les lois, et admis aux conseils d'Etat.

» Loin que l'affaiblissement de la monarchie diminuât l'autorité des ecclésiastiques, il l'augmenta ; car avant que le tems eût affermi les nouvelles seigneuries, pendant l'agitation qui produisit ce changement, il est à croire que les peuples obéissaient plus volontiers aux puissances ecclésiastiques qui n'avaient point changé, qu'aux puissances séculières encore incertaines, ou si nouvelles, que l'on voyait clairement l'usurpation. D'ailleurs, l'ignorance des laïcs était si grande, qu'ils avaient besoin des clercs dans toutes leurs affaires, non-seulement pour les discuter et les résoudre, mais pour lire leurs titres ou pour écrire leurs conventions. Enfin, n'y ayant plus de justice réglée entre les seigneurs, l'entremise des évêques et des abbés était plus nécessaire qu'auparavant : c'était eux ordinairement qui faisaient la paix, et qui provoquaient et composaient ces assemblées si fréquentes. Il est vrai que sur ce fondement de l'entretien de la paix, et du peu de justice que rendaient les séculiers, les ecclésiastiques étendirent si loin leur juridiction, que

les laïcs s'en plaignirent et s'y opposèrent,
d'où vinrent enfin ces cruelles divisions qui
ont si long-tems affligé l'Allemagne et l'Italie ;
mais sans m'étendre sur l'histoire de la juridiction ecclésiastique, il suffit d'avoir remarqué le changement qu'elle apporta à la jurisprudence, en donnant une plus grande étendue
au droit canonique, et le faisant entrer dans la
composition du droit français, comme une de
ses plus considérables parties. »

Etat de la jurisprudence dans le douzième siècle.

XVI. Ce mélange et cette diversité de formes, de jurisprudence et de tribunaux, signa-
lèrent donc cette période que l'on appelle les
tems de l'*anarchie féodale*. Les faits étaient en
opposition avec le droit. Les institutions qui
avaient créé cette belle hiérarchie dont nous
avons parlé plus haut, étaient favorables à la liberté publique, et donnaient l'idée d'une sage
législation ; mais elles étaient méconnues ou
violées. Les grands feudataires faisaient la
guerre au roi : le comte se soulevait contre le
duc, et il était à son tour attaqué par des feudataires inférieurs, mais plus puissans. Un simple châtelain faisait marcher ses paysans contre
son supérieur ; enfin, tous les nobles exerçaient

le pouvoir, excepté le roi, qui devait en être le principal dépositaire. On sait que cet état de révoltes fut l'une des raisons politiques qui déterminèrent les croisades.

A cette époque, « l'ancien droit cessa d'être étudié, et continua toutefois d'être pratiqué, sans distinction des différentes lois, comme il n'y avait plus de distinction entre les peuples ; il reçut un grand changement par les nouveaux droits qui s'établirent, principalement en ce qui regardait la puissance publique, et par l'étendue de la juridiction ecclésiastique. Ce changement s'accrut par le tems, à cause du peu de commerce de chaque province, et même de chaque petit pays avec les pays voisins ; car la division était telle, que du tems du roi Robert un abbé de Cluni, invité par Bouchard, comte de Paris, à venir mettre des moines à Saint-Maur-des-Fossés, regardait ce voyage comme long et pénible, se plaignait qu'on l'obligeât d'aller en un pays étranger, inconnu : ainsi les mêmes causes qui les produisirent, les produisirent différentes en chaque pays. J'appellerai ici *pays* ce qui est nommé *pagus* dans les actes du tems de Charlemagne et de ses successeurs, c'est-à-dire le territoire de chaque cité qui était le gouvernement d'un comte, et pour l'or-

dinaire un diocèse. Les coutumes s'y trouvèrent différentes par la diversité qu'il y eut dans
les usurpations de la puissance publique, dans
les traités des seigneurs entre eux et avec les
communes, dans le style de chaque juridiction,
dans les opinions différentes des juges. Ce sont
des conjectures de *Dumoulin*. La division des
pays y contribua, car ils ne dépendaient point
les uns des autres, et étaient souvent en
guerre, jusque là que ce droit de guerre faisait une partie de leurs coutumes, et avait ses
règles et ses maximes; c'est pourquoi la diversité est demeurée plus grande dans les provinces qui ont dépendu de différens souverains,
comme celles que les Anglais ont possédées, et
le reste de la France. La raison d'état s'y mê-
lait, et chaque prince était bien aise que les
mœurs de ses sujets les éloignassent des sujets
de l'autre, afin que la réunion fût plus difficile.
Dans les pays soumis à un même souverain, la
jalousie ordinaire entre les voisins faisait que
les juges et les officiers affectaient des maximes
différentes, et laissaient cette émulation à leurs
successeurs. »

On vit donc autant de jurisprudences qu'il
y avait de seigneuries; mais je pense que cela
n'est vrai que pour les grands fiefs. Ce que l'on

peut regarder comme certain, c'est que, durs et hautains envers leurs égaux, indociles envers leurs supérieurs, les feudataires de tous les grades étaient humains et justes envers leurs propres vassaux, et que, par conséquent, au lieu de les gouverner au gré de leurs caprices, ils les jugeaient selon les usages et les coutumes que le tems avait consacrés. Seulement le nouvel ordre des choses engendrant des droits inconnus jusque là, les réglemens nouveaux qui devenaient nécessaires s'introduisirent dans le droit coutumier. Au surplus, l'esprit général du droit féodal n'est pas devenu l'esprit général des coutumes. Il n'a influé que sur quelques-unes, et le plus grand nombre contient des dispositions qui lui sont contraires. Enfin, on remarque que, dès le douzième siècle, la jurisprudence des coutumes était cultivée et étudiée comme une science, et que plusieurs grands feudataires s'y étaient rendus célèbres. On met à leur tête Thibaut-le-Grand, comte de Champagne, qui devint l'arbitre des princes étrangers.

Renouvellement du droit romain.

XVII. « La France était dans cet état quand on recommença d'étudier le droit romain. Ce n'était plus le *Code Théodosien* qui avait régi le midi des Gaules ; on le perdit de vue pendant les siècles d'ignorance ; il ne fut plus connu qu'à quelques savans, et il finit par tomber entièrement dans l'oubli jusqu'au commencement du seizième siècle, qu'on le retrouva en Allemagne. Depuis ce tems, on ne l'a plus regardé que comme un monument purement historique. »

Le droit que l'on étudiait dans le douzième siècle était celui de Justinien. Cet empereur a laissé quatre collections de lois, dont les deux plus importantes sont le *Code* et le *Digeste* autrement appelé *Pandectes*. Le *Code* contient les constitutions de Justinien et celles de ses prédécesseurs, en remontant jusqu'à Adrien. Les *Pandectes* sont un recueil des décisions des jurisconsultes les plus accrédités. Leur sagesse leur a fait donner le nom de *raison écrite.*

« Un Allemand, nommé *Yrnier* ou *Warnier*, qui avait étudié à Constantinople, commença à enseigner publiquement les lois de Justinien à Bologne en Lombardie ; voïci quelle en fut l'occasion. *Yrnier* enseignait à Ravenne les arts, c'est-à-dire les humanités, quand il s'émut une dispute entre ceux qui faisaient la même profession, pour savoir ce que signifiait proprement le mot d'*as.* Ils en cherchèrent l'explication dans les livres du droit civil , et y ayant pris goût , ils s'appliquèrent à les étudier ; de sorte qu'*Yrnier*, qui était venu à Bologne sur la dispute de l'as, commença à en faire des leçons l'an 1128. Suivant la tradition de cette école, il expliqua d'abord le *Code*, ensuite la première partie du *Digeste*, puis la dernière , qu'ils nommèrent *Digeste nouveau ;* il trouva ensuite la seconde, qu'on a nommée l'*Infortiat*, et enfin les *Novelles.* C'est ce que rapportent le cardinal d'Ostie et *Odofred*, disciple d'*Azon*, dont le maître bulgare fut l'un des quatre principaux disciples d'*Yrnier.* Il commença donc à enseigner le droit romain de son autorité privée, ce qui n'empêche pas qu'il n'ait reçu depuis une autorité publique de la comtesse Matilde , comme dit l'abbé d'Usperg , ou de l'empereur Lothaire II , comme l'on croit communément. »

On n'avait cependant des livres de Justinien que des copies infidèles et sans authenticité ; ce qui donna lieu aux gloses et aux fausses interprétations ; mais on découvrit bientôt les *Pandectes* connues aujourd'hui sous le nom de *Florentines* , et elles jetèrent le plus grand jour sur la science du droit.

On raconte que la ville d'Amalphi, située dans la Pouille, ayant été prise et mise au pillage par les Pisans, un soldat trouva un manuscrit revêtu d'une riche couverture, où l'on voyait sur-tout briller l'or ; qu'il en déchirait les feuilles afin d'emporter plus commodément ce que sa cupidité et son ignorance lui faisait regarder comme la partie la plus précieuse de l'ouvrage ; mais qu'un officier qui survint sauva le manuscrit, lequel n'était autre chose que les *Pandectes de Justinien.*

Cette fable a fourni le sujet d'un beau tableau qui fut exposé au Louvre il y a peu d'années ; mais je suis étonné de la voir adoptée par le judicieux *Fleury*, lorsqu'elle est démentie par les auteurs contemporains, et que les Italiens eux-mêmes n'y ont jamais cru. Elle n'a d'autre fondement qu'un passage obscur d'un vieux poète pisan. *Torrelli*, qui avait ajouté une préface aux *Pandectes florentines*, s'empara le premier de cette fiction, et ceux qui ont écrit d'après lui l'ont reproduite sans examen. Notre histoire est remplie de ces faits controuvés, hasardés par la méchanceté ou l'ignorance, et répétés par la paresse ou la malignité. C'est ainsi que, sur la foi très-suspecte d'un moine anglais, beaucoup de Français ont cru long-tems que la vertueuse Blanche, mère de saint Louis, avait fait empoisonner son mari.

La ville de Pise faisait le commerce avec l'Orient. Un négociant de Pise apporta un exemplaire des *Pandectes* dans sa ville, de laquelle Gino Caponi s'étant rendu maître, le manuscrit passa à Florence, où il est encore aujourd'hui. On n'y trouve aucun caractère d'authenticité; mais les érudits y ont reconnu la main d'un Grec, quoique l'ouvrage soit écrit en latin. Ils ajoutent que ce Grec a dû vivre du tems de Justinien. Quoi qu'il en soit, il sert d'exemplaire authentique pour toute l'Europe qui en possède des copies très-exactes, multipliées par l'impression. Il est important de consulter les *Pandectes florentines*, parce qu'elles ne sont pas ponctuées comme les éditions ordinaires, notamment celle de *Denis Godefroi*, ce qui offre des contre-sens, et parce que, dans ces dernières, l'addition ou le retranchement d'un mot rend affirmative une phrase négative, et réciproquement.

« Ce fut ainsi que le droit de Justinien revint au monde, qu'il se rendit plus célèbre en Italie qu'il n'avait jamais été, et s'étendit dans les autres parties de l'Europe où il n'avait point encore été connu.

« C'est un grand sujet d'admiration que ces livres, composés six cents ans auparavant à Constantinople, où ils n'étaient plus suivis alors, aient été reçus avec tant de vénération dans des pays où l'empereur n'avait jamais commandé, comme l'Espagne, la France, l'Allemagne, l'Angleterre, sans que les puissances séculières ou ecclésiastiques les aient autorisés par aucune constitution, et que l'on soit accoutumé à nommer ce qu'ils contiennent le *droit écrit*, le *droit civil*, ou le *droit simplement*, comme s'il n'y avait point d'autre droit considérable.

» L'utilité de ces lois était grande. On y voyait les principes de la jurisprudence bien établis, non-seulement pour le droit particulier des Romains, mais encore pour les droits qui sont communs à toutes les nations ; car il n'y a guère de maximes du droit naturel ou du droit des gens qui ne se rencontrent dans le *Digeste* ; on y trouve d'ailleurs un nombre infini de décisions particulières très-judicieuses. Mais il était principalement avantageux pour les princes, qui y trouvaient l'idée de la puissance souveraine en son entier, exempte des atteintes mortelles qu'elle avait reçues dans les derniers siècles ; ils y trouvaient

même de quoi fonder de belles prétentions.
L'empereur d'Allemagne avait droit à la monarchie universelle, suivant l'application que
les docteurs lui faisaient de ce qui est écrit
dans ces lois; et d'autres docteurs disaient aux
rois qu'ils étaient empereurs dans leurs royau-
mes. Enfin, tout l'esprit de ces lois tendait à
rendre les hommes plus doux, plus sociables,
plus soumis aux puissances légitimes, et à ruiner
les coutumes injustes et tyranniques que la barbarie y avait introduites. Il ne faut donc pas
s'étonner si ce droit, qui fut d'abord mis au
jour par la curiosité de quelques particuliers et
par l'autorité des savans, s'établit insensiblement par l'intérêt des princes et par le consentement des peuples. »

Effets de l'étude du droit romain.

XVIII. On a donc bientôt considéré le droit
romain « comme loi qui oblige dans les lieux où
il avait jeté, pour ainsi dire, de plus profondes
racines, comme le Languedoc, la Provence, le
Dauphiné et le Lyonnais, parce que ces pays
avaient été les premières conquêtes des Romains et les dernières des Français, et parce
que la plus grande partie reconnaissait alors
l'empereur d'Allemagne comme souverain di-

rect ; joint que le voisinage d'Italie leur donnait plus de commodité pour étudier le droit romain. De là vient qu'encore que dans ces provinces il soit resté beaucoup de coutumes différentes de ce droit, elles n'y sont pas fort opposées et ont peu d'étendue. Au contraire, dans le reste de la France les coutumes ont prévalu, et le droit romain n'est point observé dans tous les cas où la coutume y est contraire, qui sont en très-grand nombre. C'est la différence du pays coutumier d'avec le pays de droit écrit. De savoir si le droit romain est le droit commun en pays coutumier pour les cas qui ne sont point exprimés par les coutumes, c'est une question fameuse agitée par les savans des derniers tems : le président Liset tenait l'affirmative, le président de Thou la négative, et je ne sache pas qu'elle soit encore décidée.

» L'étude du droit de Justinien apporta un grand changement au droit français, qui ne consistait alors qu'en coutumes. On jugea le droit romain si nécessaire, tout mal entendu qu'il était, que dans toutes les affaires on ne se servait plus que de ceux qui l'avaient étudié, soit pour juger, soit pour plaider, soit pour rédiger par écrit les conventions et les traités ; de sorte que tous les officiers de justice, jus-

qu'aux procureurs et aux notaires, étaient gra-
dués en droit, et clercs par conséquent, car les
laïcs n'étudiaient pas encore. Ces gens, soit
pour se rendre nécessaires, soit de bonne foi,
croyant faire mieux que leurs prédécesseurs,
changèrent toutes les formules des actes publics. Jusque là ils étaient simples, et n'avaient
rien de superflu, sinon quelques mauvais préam-
bules ; mais depuis l'an 1250 ou environ, on
commença à charger les actes d'une infinité de
clauses, de conditions, de restrictions, de re-
nonciations et de protestations, pour se mettre
à couvert des règles les plus générales, et bien
souvent de celles qui ne pouvaient convenir
aux parties ; enfin, on exprimait ce qui se serait
mieux entendu sans en faire mention. L'esprit
de défiance qui régnait alors, et qui était sans
doute un reste des hostilités passées, faisait es-
timer ces cautelles, car on les appelait ainsi ;
et celui-là passait pour le plus habile, qui en
mettait le plus et qui faisait les actes les plus
prolixes.

» Ce même esprit apporta un grand changement dans l'instruction et dans le jugement
des procès. Ils se décidaient auparavant avec
peu de cérémonie par les seigneurs et par ceux
qui avaient le plus d'expérience des coutumes ;

mais depuis ce tems on les embarrassa d'une
infinité de procédures et de délais, en sorte
que l'on ne pouvait plus les terminer sans le
secours des clers et des docteurs. De là sont
venus les lieutenans des baillifs et des sénéchaux,
et les autres juges de robe longue.

» L'étude du droit romain eut ses avantages
aussi bien que ses inconvéniens : elle adoucit la
dureté des coutumes et établit des maximes
certaines, sur lesquelles on put raisonner d'un
cas à l'autre. Depuis ce tems, on a cessé d'alléguer, et même de lire les anciennes lois des
barbares. Au tems que l'on commença d'étudier le droit romain, on les connaissait encore,
puisque *Otton de Frisingue* dit que de son tems
les plus nobles des Français suivaient la loi salique, et l'auteur du second livre des *Fiefs* dit
que les causes se jugeaient en Italie ou par les
lois romaines, ou par les lois des Lombards,
ou par les coutumes du royaume, c'est-à-dire,
à ce qu'on croit, de l'empire d'Allemagne. Depuis, ces lois anciennes ont disparu ; et du tems
de Philippe de Valois, où l'on prétend que la
loi salique fut de si grand usage pour la succession de la couronne, on n'alléguait point ces
paroles comme d'une loi écrite, mais seulement sa force, comme d'une coutume invio-

lable. On ne se servait point même du nom de
loi salique, et le premier qui en ait parlé, que
je sache, est Claude de Seissel, évêque de Mar-
seille, sous Louis XII. Les coutumes reçurent
donc un changement notable, tant par les nouveaux usages qui s'introduisirent dans les traités et dans les jugemens, que par les maximes
nouvelles qui furent alors reçues ou éclaircies ;
et c'est ce mélange du droit romain avec les
coutumes qui fait le droit français d'aujour-
d'hui. »

Ainsi, sous les prédécesseurs de S. Louis on
vit ce mélange bizarre de tribunaux qui prononçaient d'après le droit romain, tandis que
d'autres prononçaient d'après le droit coutumier ; et, dans les coutumes, cette autre bizar-
rerie née du régime féodal, et qui produisait,
d'après les droits établis par les seigneurs, une
variété telle qu'en passant un ruisseau on chan-
geait de législation. La belle simplicité des
coutumes était altérée ; mais les jugemens
par le duel avaient survécu à l'anarchie féodale. Il fallait, pour rétablir la jurisprudence,
ou plutôt pour en créer une nouvelle, qu'un
grand prince se montrât supérieur à son siècle,
et c'est ce qu'a fait S. Louis.

De saint Louis.

XIX. Une politique maladroite a créé depuis peu d'années l'expression de *monarchie*
féodale. L'ignorance et la niaiserie l'ont répétée
jusqu'à satiété, comme si ces deux mots pouvaient aller ensemble, comme si la féodalité
n'était pas la plus grande adversaire de la monarchie, comme si depuis S. Louis jusqu'à
Louis XVI tous les rois qui ont le plus marqué
dans l'histoire n'avaient pas employé tous leurs
soins à saper et à détruire enfin cette institution contraire à notre droit politique.

S. Louis porta les premiers coups à la puissance féodale, rendit à la monarchie une grande
partie de son autorité et créa un nouveau droit;
ce qu'il n'aurait jamais pu faire si, pour me
servir d'une autre expression également ridi-
cule, il se fût contenté de marcher avec son
siècle : un grand génie sait commander au
sien.

Ce prince savait, par sa propre expérience,
combien les grands feudataires étaient à crain-
dre : ils avaient troublé sa minorité par plus
d'une guerre. Pour qu'ils ne puissent plus se
fortifier par des alliances, il leur défend de se

marier sans la permission du roi. Il attaque l'arbre féodal jusque dans ses racines, par ses ordonnances sur les fiefs et sur les apanages; il ordonne que les délits privilégiés seront attribués aux baillifs royaux ; que les justices seigneuriales ne prononceront qu'en premier ressort; que l'appel de leurs sentences sera porté devant les tribunaux du roi, et il devient ainsi seul législateur dans ses Etats.

Plus heureux que Charlemagne, S. Louis possède les livres de Justinien. Il les fait traduire, et préside lui-même à ce grand ouvrage. Pour former ses lois, il s'approprie le droit romain en le modifiant, et réunit les débris épars des anciennes coutumes. Il crée des tribunaux, fait déposer au greffe les capitulaires et les ordonnances, institue le ministère public et le charge de dénoncer et de poursuivre les crimes, de surveiller les citoyens, les magistrats et les jugemens. En entrant en fonction, les juges doivent prêter serment. Il leur est défendu d'acquérir des domaines dans leur ressort et de recevoir des présens. En fait d'amendes, on ne peut exiger que celles qui ont été publiquement prononcées.

Des peines sont instituées contre ceux qui ravagent les champs, massacrent les troupeaux, incendient les maisons, brûlent les récoltes ; mais ce bon roi aimait souvent à dire qu'il vaut mieux pardonner à un coupable que de s'exposer à condamner un innocent. L'exportation des grains est soumise à un conseil de laboureurs qu'on assemble dans chaque province. Le commerce est soumis à des réglemens, et dans le dernier siècle on disait que notre législation moderne n'avait pu rien ajouter aux statuts de S. Louis pour le corps des marchands. Enfin, il nomme des commissaires pour assurer la navigation des rivières ; il établit une police dans chaque ville et fait des réglemens sur les monnaies.

Mais le plus bel ouvrage de ce siècle régénérateur est, sans contredit, le code célèbre que nous connaissons sous le nom d'*Etablissemens de S. Louis.* Les uns pensent, et c'est l'avis le plus généralement adopté, que c'est un corps de lois, publié par le prince lui-même, après avoir été confirmé en parlement par les barons et gens de loi du royaume. D'autres prétendent que c'est l'ouvrage d'un jurisconsulte, peut-être même d'un baillif, qu'il peut avoir été fait d'après les réglemens que S. Louis avait promulgués pour ses propres domaines, et que plusieurs barons avaient adoptés ; que le compilateur y a ajouté beaucoup de dispositions des lois romaines et des débris des coutumes, mais que c'est un simple ouvrage de jurisprudence, comme ceux de *de Fontaines* et de *Beaumanoir*, deux praticiens célèbres qui vivaient à cette époque. C'est le sentiment de *Montesquieu*, et, cependant, je ne parlerais pas de cette dissidence si M. *Bernardi* n'avait insisté sur ce point.

Le code dont il s'agit se trouve dans le recueil des ordonnances publié par *de Laurière*. Il porte pour titre : *Les Etablissemens selon l'usage de Paris et d'Orléans et de Court de Baronnie. De Laurière* remarque qu'il contient des lois que S. Louis avait publiées auparavant, et d'autres que l'on devait à ses prédécesseurs. Il ajoute que ce prince le fit faire peu de tems avant sa seconde croisade.

Il est dit, dans plusieurs manuscrits, que ce code fut donné par S. Louis en l'année 1270, avant qu'il partît pour Tunis, et *Montesquieu* répond que ce fait n'est pas vrai, en ajoutant, d'après *Ducange*, que S. Louis est parti en 1269. Il me semble que *de Laurière* avait répondu par avance à cet argument, en citant un traité fait, à Aiguemortes, entre le roi et les templiers, sous la date du mois de juin 1270 ; en sorte que nous pouvons dire avec lui que

S. Louis étant mort à Tunis le 25 août de la même année, et peu de tems après son débarquement, il a pu rester assez long-tems en France en 1270 pour y faire publier les *Etablissemens*.

Au surplus, *Montesquieu* lui-même avoue que cet ouvrage est précieux, parce qu'il contient les anciennes coutumes d'Anjou et les réglemens de S. Louis tels qu'ils étaient alors pratiqués, et, enfin, ce qu'on pratiquait de l'ancienne jurisprudence française.

Le plus bel éloge que l'on pourrait faire de ce recueil de lois serait de le conférer avec le *Code civil*, dont il est une des sources les plus fécondes ; mais la longueur de ce travail ne me permettrait pas de le placer ici.

Toutefois il ne faut pas croire que la France entière ait pu jouir du bienfait des *Etablissèmens*. Leur auteur, qui avait souvent à lutter contre l'esprit de son siècle, trouvait de grands obstacles qu'il lui était difficile de vaincre. Il abolit la jurisprudence du duel dans ses domaines, mais il ne put la supprimer dans ceux de ses barons. On appelait ainsi les feudataires qui relevaient directement de la couronne. Quand les rois faisaient des ordonnances pour les pays de leurs domaines, ils n'employaient que leur seule autorité ; mais celles qui regardaient aussi les pays de leurs barons devaient être faites de concert avec eux, ou souscrites, ou scellées par eux, sans cela ils étaient maîtres de les rejeter ou de les admettre. Les arrière-vassaux étaient dans les mêmes termes avec les grands vassaux ; ainsi le comte de Clermont suivait les *Etablissemens*, tandis que ses vassaux s'en tenaient à l'ancien usage.

« Inviter, dit *Montesquieu*, quand il ne faut
» pas contraindre, conduire quand il ne faut
» pas commander, c'est l'habileté suprême. La
» raison a un empire naturel ; elle a même un
» empire tyrannique : on lui résiste, mais cette
» résistance est son triomphe ; encore un peu
» de tems, et l'on sera forcé de revenir à elle. »
Tel fut l'empire que S. Louis exerça. Les nouvelles provinces ajoutées à la France s'empressèrent d'accueillir les *Etablissemens*. Ils lui valurent des conquêtes faites sans tirer l'épée : les peuples de la Guyenne, de l'Aunis, de la Saintonge, demandèrent cette réunion, à condition qu'ils seraient régis par les *Etablissemens*. Dans certaines villes, on les lisait en public tous les ans, et les peuples n'attribuaient leurs malheurs qu'à l'oubli ou à l'inobservation de ces lois.

Des parlemens.

XX. Nous avons dit que les assemblées du Champ-de-Mars avaient pour objet non-seulement de délibérer sur l'administration publique et de faire des lois, mais aussi de juger les causes importantes. La nation était devenue tellement nombreuse, qu'il devint impossible d'en réunir tous les membres, et, d'un autre côté, les habitudes d'un autre genre de vie ne permettaient plus de tenir des assemblées dans un champ, c'est-à-dire dans un lieu découvert. On régla donc le nombre et la qualité des personnes qui auraient le droit d'assister aux séances où l'on jugerait les grandes causes.

On voit, par un jugement célèbre rendu à Valenciennes en l'année 693, sous le règne de Clovis III, que cette assemblée, présidée par le roi, était composée de douze évêques, douze ducs, huit comtes, huit grafions, dont les fonctions consistaient à juger les causes fiscales; quatre gouverneurs de maisons royales, quatre référendaires, et deux sénéchaux. Le comte du palais était également présent à cette assemblée, ainsi qu'un chancelier, dont la fonction consistait seulement à écrire ou à signer les actes, et qui, depuis, est devenu le président de tous les conseils, comme chef de la justice et le premier des magistrats. Telle fut l'origine des cours souveraines, qui ont été connues depuis sous le nom de *parlemens*, qui ont laissé à la France d'illustres souvenirs, et qui, pour l'administration de la justice, se trouvent aujourd'hui remplacés par les cours royales.

Nous avons dit aussi que, du tems de S. Louis, une ordonnance n'avait force de loi dans le domaine d'un baron qu'autant qu'elle était acceptée par lui, et nous avons ajouté que l'on entendait par baron un feudataire qui relevait immédiatement de la couronne. Les barons occupaient donc tous le même rang dans la hiérarchie politique, et c'est pour cela qu'ils portaient le titre de *pairs*. Cette espèce de puissance tribunitienne, de *veto*, qu'ils avaient sur les lois, passa aux parlemens, et une ordonnance ne devenait obligatoire dans le ressort d'un parlement que quand il l'avait enregistrée. Ainsi une ordonnance pouvait avoir toute l'autorité d'une loi à Paris et non à Toulouse, et réciproquement. Un parlement adoptait quelquefois certains articles d'une ordonnance et rejetait tous les autres ; mais dans un tems même antérieur à la révolution, cet usage a été aboli, et les parlemens étaient obligés d'enregistrer et de publier tout ce que le roi leur envoyait, sauf à faire ensuite leurs remontrances. Il y avait inconvéniens de part et d'autre ; la charte les a fait disparaître en créant les deux chambres. La première remplace les anciens pairs ou barons, la seconde représente la nation.

Premières rédactions des coutumes.

XXI. « Il reste à voir en quelle forme [le droit des coutumes] est venu jusqu'à nous, c'est-à-dire comment on les a rédigées par écrit. Leur diversité devint fort embarrassante lorsque les provinces furent réunies sous l'obéissance du roi, et que les appellations au parlement devinrent fréquentes. Comme les juges d'appel ne pouvaient savoir toutes les coutumes particulières, qui n'étaient point écrites en formes authentiques, il fallait ou que les parties en convinssent, ou qu'elles en fissent preuve par témoins. Il arrivait de là que toutes les questions de droit se réduisaient en faits, sur lesquels il fallait faire des enquêtes par turbes, fort incommodes pour la dépense et pour la longueur. Encore ces enquêtes n'étaient pas un moyen sûr de savoir la véritable coutume , puisqu'elles dépendaient de la diligence ou du pouvoir des parties, de l'expérience et de la bonne foi des témoins. D'ailleurs, il se trouvait quelquefois preuve égale de deux coutumes directement opposées dans un même lieu, sur un même sujet. On peut juger combien cette commodité de se faire un droit tel que l'on en avait besoin faisait entretenir de faux témoins, et combien l'étude de la jurisprudence était ingrate, puisque après qu'un homme y avait appris le droit écrit avec beaucoup de travail, ou que, par sa méditation, il avait tiré de bonnes conséquences sur des principes bien établis, il ne fallait, pour ruiner toutes ses autorités et toutes ses raisons, qu'alléguer une coutume contraire et souvent fausse. Enfin, les coutumes étaient très-incertaines en elles-mêmes ; tant par l'injustice des baillifs et des prévôts qui les méprisaient pour exécuter leurs volontés, que par la présomption de ceux qui s'attachaient plus à leurs opinions particulières qu'à ce qu'ils avaient appris par la tradition de leurs anciens. C'est ainsi qu'en parlait *Pierre de Fontaines* dès le tems de S. Louis, se plaignant que son pays était presque sans coutumes ; et qu'à peine en pouvait-on trouver un exemple assuré par l'avis de trois ou quatre personnes.

» Je crois que l'étude du droit romain y contribua : comme il était estimé universellement, sans être bien entendu , ni légitimement autorisé, chacun en suivait ce qu'il voulait, ou ce qu'il pouvait. D'ailleurs, les plus savans en lois n'étaient pas toujours les plus expérimentés dans les coutumes, qui ne s'apprennent que par l'usage des affaires, et toutefois leurs opinions étaient respectées et suivies dans les jugemens, et il y en a grand nombre qui ont passé en coutume.

» L'écriture était le seul moyen de fixer les coutumes et de les rendre certaines, malgré leur diversité ; aussi commença-t-on à les écrire sitôt que les désordres furent un peu calmés, et que le tems les eut un peu affermies, c'est-à-dire sur la fin du onzième siècle ; et quoiqu'il nous reste peu de mémoires de rédactions si anciennes, je présume toutefois que ce qui paraît avoir été fait en un pays, s'est aussi fait ailleurs, et que le tems et les rédactions postérieures ont fait périr la plupart des plus anciennes. La première que je connaisse est celle des usages de Barcelone par l'autorité du comte Raimond, Bérenger-le-Vieux, en 1060. Les anciens fors de Béarn étaient pour le moins du même tems, puisqu'ils furent confirmés en 1088 par le vicomte Gaston IV. Vers le même tems, c'est-à-dire en 1080 ou environ, Guillaume-le-Bâtard ayant conquis l'Angleterre, fit assembler les plus nobles et les plus sages de chaque comté, et, sur leur témoignage, fit rédiger les anciennes coutumes des Anglais-Saxons, et des Danois, qui étaient mêlés avec eux. Ce fut l'archevêque d'York et l'évêque de Londres qui les écrivirent de leur propre main. Je mets au nombre de ces coutumes rédigées les livres des *Fiefs* des Lombards, composés vers l'an 1150 par deux consuls de Milan ; ils portent le titre de *Coutumes*, et ne sont, en effet, que des usages anciens recueillis par des juges expérimentés. On y peut aussi rapporter le Miroir du droit de Saxe, ou *Sachs Senspiegel*, qui est le plus ancien original du droit d'Allemagne, bien que, suivant l'opinion des plus doctes, il n'ait été écrit que vers l'an 1220.

» En France, on écrivit les coutumes vers le même tems, et ces premiers écrits furent principalement de trois sortes ; les chartes particulières des villes, les coutumiers des provinces et les traités des praticiens. Examinons-les en particulier.

» Vers la fin du douzième siècle, et pendant tout le treizième, on écrivit les droits des coutumes de plusieurs villes dont les chartes ont été, comme je crois, les premiers originaux de nos coutumes. Je ne parlerai que de celles que j'ai vues, ou entières, ou énoncées dans les histoires, et ce peu suffira pour faire juger des autres.

» La plus ancienne est la charte de la commune de Beauvais, donnée par le roi Louis-le-Jeune en 1144, qui contient l'expression de plusieurs coutumes concernant la juridiction du maire et des pairs. Elle ne porte que confirmation de ces droits déjà accordés par Louis-le-Gros; mais on n'en rapporte point les lettres, et peut-être n'était-ce qu'une concession verbale. De même on prétend que Guillaume Talvas, comte de Ponthieu, accorda le droit de commune à Abbeville vers l'an 1130, quoique la charte de Jean II, qui est rapportée, ne soit que de l'année 1184.

» Je trouve aussi qu'en 1173 Henri Ier, roi d'Angleterre, permit aux habitans de Bordeaux d'élire un maire. En 1187, Hugues, duc de Bourgogne, accorda aux habitans de Dijon le droit de commune semblable à celle de Soissons, qui, par conséquent, est plus ancienne, mais dont la charte n'est point datée. Celle de la comté de Beaune est de 1203. Celle de Barsur-Seine, de 1234 ; celle de Semur, de 1276. Je pourrais en rapporter de plusieurs autres lieux moins considérables. Je mets en ce rang l'établissement fait à Rouen, en 1205, entre les clercs et les barons de Normandie, qui contient plusieurs coutumes touchant la juridiction ecclésiastique, certifiées par les experts ; la charte de Rouen, donnée par le roi Philippe-Auguste en 1207, qui est la confirmation des anciens droits et priviléges de cette ville, pour ce qui regarde la commune et le trafic ; enfin l'établissement de la commune de Rouen, de Falaise, et du Ponteau-de-Mer, qui est sans date, mais qui semble être plus ancienne, et règle la création et le pouvoir du maire et des échevins.

» Outre ces titres particuliers à chaque ville, on commença aussi à écrire les coutumes des provinces entières, et c'est le second genre d'écrits que j'ai marqué. Telles sont les anciennes coutumes de Champagne, publiées par *Pithou* ; celles de Bourgogne, qui se trouvent dans le recueil de *du Peyrat* ; les coutumes notoires du Châtelet, publiées par *Brodeau*, qui sont la plupart des résultats d'enquêtes par turbes, faites depuis l'an 1300 jusqu'en 1387 ; l'ancienne coutume de Normandie, celle d'Anjou, les anciens usages d'Amiens et plusieurs autres qui se trouvent encore en manuscrits; mais les plus considérables sont les *Etablissemens* de S. Louis , donnés par *du Cange.*

» La troisième espèce d'écrits qui contiennent les mêmes choses et peuvent passer pour les originaux de nos coutumes, sont les ouvrages que quelques particuliers habiles composèrent en ce même tems pour l'instruction des autres, comme le *Conseil de Pierre de Fontaines*, donné par *du Cange*; le *Livre à la reine Blanche*, que l'on croit être du même auteur, les *Coutumes de Beauvoisis*, composées par *Philippe de Beaumanoir* en 1285, la *Somme rurale de Bouteiller*, le *Grand Coutumier*, composé sous le règne de Charles VI, et les *Décisions de Jean des Mates*, que *Brodeau* a publiées avec les coutumes notoires. J'estime que les cahiers des coutumes dont on s'est servi aux rédactions solennelles ont été dressés sur ces originaux : c'est pourquoi je crois devoir dire ce qu'ils contiennent.

» Les mots d'*us* et *coutumes*, *fors* et *coutumes*, *franchises* et *priviléges*, ne sont pas synonymes, comme on le pourrait juger. Le nom de coutumes signifie quelquefois les usages, et en ce sens il est opposé à celui de fors , qui signifie les priviléges des communautés et ce qui regarde le droit public. Quelquefois on oppose les coutumes aux us, et alors elles signifient les droits particuliers de chaque lieu, principalement les redevances envers les seigneurs, et les us signifient les maximes générales. Les franchises sont principalement les exemptions des droits de servitude, comme des main-mortes ou des formariages, pour remettre des serfs dans le droit commun ; et les priviléges sont des droits attribués à des personnes franches, outre ce qu'elles avaient de droit commun, comme le droit de commune et de banlieue, l'usage d'une forêt, l'attribution de causes à une certaine juridiction. Il se peut faire toutefois qu'en différens pays ces mots d'us, coutumes et les autres aient été pris en des significations différentes, et je ne prétends point que l'on prenne à la rigueur mes définitions.

» La matière de ces anciens originaux des coutumes sont principalement les nouveaux droits établis pendant les tems de désordre. Premièrement, les droits du prince, du comte et des autres seigneurs, la juridiction des seigneurs et celles des communes, ensuite le droit des fiefs, les censives, les banalités et les autres droits seigneuriaux, les gistes, les fournitures et les corvées que les communes devaient aux seigneurs ; la différence des gentilshommes et des gentilsfemmes d'avec les vilains francs, ou serfs ; le droit de guerre, le droit de duel et des champions. Ce que l'on y voit le plus au long, sont les formalités de justice et la procédure du tems, suivant le style de cour laye ; car ils ne manquaient jamais d'observer cette distinction , à cause de la juridiction ecclésiastique, qui était alors la plus étendue. Ainsi l'on voit que ceux qui ont rédigé ces coutumes ont toujours supposé un autre droit par lequel on se devait régler dans tout le reste comme dans les matières de contrats et de successions, et n'ont prétendu marquer que ce qui dérogeait au droit commun, [qui se composait du droit romain et de l'esprit général des coutumes.] Bien qu'alors on écrivît presque tout en latin , ces coutumes ont été écrites en français, comme traitant de matières qui ne pouvaient être bien expliquées qu'en langue vulgaire, et qui devaient être entendues de tout le monde. On peut observer, dans ces écrits, les changemens de notre droit. Les plus anciens tiennent beaucoup de la dureté des lois des barbares. Il y est souvent parlé de plaies à sang, de mutilation de membres, d'amendes pour les forfaits, d'as-

surement ou sauve-garde, d'infraction de paix.
Ce qui est écrit depuis trois cents ans (1) approche plus du droit romain et de la jurisprudence d'aujourd'hui. On y voit des questions
touchant les successions et les testamens, les
mariages et les autres contrats, et beaucoup
de formalités de procédure. Je me suis étendu
sur ces anciens originaux, parce que des personnes très-capables jugent que ce sont les meil-
leurs commentaires des coutumes, d'autant
qu'on y peut voir leur esprit et la suite de leur
changement.

Rédactions solennelles.

XXII. « Tous ces écrits n'empêchaient pas
que le droit coutumier ne fût encore incertain,
parce qu'ils étaient sans autorité, ou trop anciens,
ou trop succincts : c'est pourquoi on jugea nécessaire de rédiger les coutumes par écrit, plus
exactement et plus solennellement. Le dessein
en fut formé sous le règne de Charles VII,
qui, après avoir chassé les Anglais de toute la
France, entreprit une réformation générale
de toutes les parties de son Etat, et fit, entre autres, une grande ordonnance, datée de
Montil-lez-Tours, en 1453, dont le 123e article

(1) A partir de l'époque où *Fleury* écrivait.

porte, que toutes les coutumes seraient écrites et accordées par les praticiens de chaque pays, puis examinées et autorisées par le grand conseil et par le parlement, et que toutes les coutumes, ainsi rédigées et approuvées, seraient observées comme lois, sans qu'on en pût alléguer d'autres.

» *Dumoulin* dit que le dessein était d'amasser toutes les coutumes ensemble pour n'en faire qu'une loi générale, et que la rédaction de chaque coutume en particulier n'était que provisionnelle, afin que les peuples eussent quelque chose de certain pendant que l'on travaillerait à la réformation générale. C'était la meilleure voie qu'on pût tenir pour donner à la France de bonnes lois, et c'est celle que les anciens législateurs ont suivie. *Platon* dit que, comme les Etats ont été formés de plusieurs familles jointes ensemble, les lois ont été composées des coutumes de ces familles, entre lesquelles quelque sage a choisi les plus raisonnables pour les rendre communes à tout l'Etat, abolissant quelque chose de particulier à chaque famille dans les matières moins importantes. On eût pu faire la même chose en France, considérant chaque petite province comme une famille à l'égard de ce grand Etat.

C'est ce que *Dumoulin* dit que l'on voulait faire, lui qui le pouvait savoir par une tradition prochaine ; et *Philippe de Commines* semble le prouver, lorsqu'il dit que le roi Louis XI désirait fort qu'en ce royaume on usât d'une coutume, d'un poids, d'une mesure, et que toutes les coutumes fussent mises en français dans un beau livre : ce sont ses termes. Il n'y a eu jusqu'à présent que la première partie de ce grand dessein exécuté, c'est-à-dire la rédaction des coutumes, encore s'est-elle faite fort lentement et n'a été achevée que plus de cent ans après la mort de Charles VII.

» La plus ancienne est la rédaction de la coutume de Ponthieu faite sous Charles VIII, et de son autorité en 1495. Il y en eut plusieurs sous Louis XII. Depuis l'an 1507, l'on continua à diverses reprises sous François Ier et sous Henri II, et il s'en trouva encore quelques-unes à rédiger sous Charles IX. Si l'on veut compter ces coutumes, on en trouvera jusqu'à deux cent quatre-vingt-cinq, en y comprenant les coutumes locales et celles des pays voisins, comme les Pays-Bas, où on les a rédigées à l'imitation de la France ; et ne comptant que les coutumes principales du royaume, on en trouvera bien soixante, la plupart fort différentes.

» On s'aperçut, vers l'an 1580, qu'il était arrivé beaucoup de changemens depuis les rédactions qui avaient été faites au commencement du même siècle, et qu'il y avait des omissions considérables, de sorte que l'on réforma plusieurs coutumes, comme celles de Paris, d'Orléans, d'Amiens; ce qui se fit avec les mêmes cérémonies que les premières rédactions.

» Il est nécessaire, pour bien entendre les coutumes, de connaître ces cérémonies; quoique tout le monde les puisse voir dans les procès-verbaux, la lecture en est si ennuyeuse que j'ai cru devoir les marquer ici. Premièrement, le roi donnait des lettres - patentes en vertu desquelles on faisait assembler par députés les trois états de la province. Le résultat de la première assemblée était d'ordonner à tous juges royaux, aux greffiers, à ceux qui l'avaient été, et aux maires et échevins des villes, d'envoyer les mémoires des coutumes, des usages et des styles qu'ils auraient vu pratiquer de tout tems. Les états choisissaient quelques notables en petit nombre, entre les mains de qui l'on remettait ces mémoires pour les mettre en ordre et en composer un seul cahier. Ensuite on lisait ce cahier dans l'assemblée des états, pour examiner si les coutumes étaient telles qu'on les avait rédigées, pour en accorder les articles ou les changer, s'il était besoin ; enfin, on les envoyait au parlement pour y être enregistrées. Cet ordre est expliqué dans le procès-verbal de la coutume de Ponthieu, qui est, comme j'ai dit, la première rédigée, et qui le fut par des officiers des lieux. La plupart des autres ont été rédigées par des commissaires tirés du corps du parlement ; c'est-à-dire que ces commissaires ont présidé à l'assemblée des états, où se faisait la lecture des cahiers ; mais il ne faut pas croire qu'ils aient composé ces cahiers, ni qu'ils aient pu les corriger à loisir. C'était l'ouvrage des praticiens de chaque siége, qui, sans doute, avaient suivi les autres écrits plus anciens dont j'ai parlé. On ne doit point attendre de ces gens-là ni politesse, ni méthode, et il était impossible de penser à l'arrangement ni au style, lorsqu'on lisait ces cahiers dans les assemblées ; c'était bien assez d'y pouvoir établir les choses en substance, car on est toujours pressé en ces rencontres. Il ne faut donc pas s'étonner si les coutumes sont rédigées avec si peu d'ordre et d'un style si peu exact, quoique les commissaires, dont on voit les noms en tête, aient été de grands personnages. »

Des ordonnances.

XXIII. Nous avons déjà dit que les ordonnances sont une des parties principales de notre droit actuel. Depuis S. Louis jusqu'à Louis XIV, on en publia de fort sages, souvent rendues pour le besoin du moment, mais qui fixent invariablement des points de jurisprudence. Philippe-le-Bel défend de pêcher dans les rivières en tems de-frai ; de convertir en nouveau capital des intérêts échus, pour leur faire produire d'autres intérêts. C'est ce qu'on appelait *anatocisme*. (V. *Code civ.*, art. 1154.)

Le roi Jean règle de nouveau les juridictions.

Charles V réprouve les transports de créances faits à des personnes puissantes.

Charles VI abrège les délais de la procédure dans les parlemens.

Louis XI défend d'acheter des blés avant leur maturité. (*C. de proc.*, art. 626.)

Louis XII statue que l'on ne pourra demander plus de cinq années d'arrérages d'une rente constituée à prix d'argent. (*C. civ.*, art. 2277.)

François Ier frappe de nullité les dispositions entre-vifs ou testamentaires, faites au profit des tuteurs ou curateurs par ceux qui en dé-

pendent (art. 907). Il ordonne que les donations seront enregistrées ; que celles faites en
l'absence du donataire n'auront lieu que du jour
de l'acceptation (art. 932); qu'après trente-cinq
ans, on ne pourra plus demander la nullité d'un
contrat ; que les titres authentiques seront déclarés exécutoires contre les héritiers de l'obligé;
qu'en matière de simple promesse, le déclinatoire
proposé n'empêchera pas la reconnaissance de
l'écriture ; qu'en cas de vérification affirmative
d'écriture , l'hypothèque courra du jour de la
dénégation ; enfin , il prend des mesures pour
assurer l'état des personnes.

Henri II fit aussi une ordonnance touchant
les mariages clandestins, et Louis XIII, par
une déclaration, interpréta toutes les anciennes ordonnances touchant les mariages.

Mais les ordonnances les plus célèbres, et
celles dont on a fait un plus grand usage pour
la rédaction du *Code civil*, ont été publiées par
Louis XIV et par Louis XV. Leur connaissance est d'autant plus indispensable aujour-
d'hui, qu'on les cite souvent devant les tribunaux, pour expliquer et interpréter le nouveau
droit. Il y en a quatre de Louis XIV : ce sont
celle de 1667 sur la procédure, celle de 1670
sur les matières criminelles, celle de 1673 sur

le commerce, et celle de 1681 sur la marine.
Louis XV régla en 1731 les donations et les
testamens, statua sur les écrits privés en 1733,
sur les registres de l'état civil en 1736, sur le
faux en 1737, et sur les substitutions en 1747.
C'est aussi à lui que nous devons l'édit sur les
hypothèques. Il est de 1771.

Des jurisconsultes.

XXIV. On a donc fait entrer dans la composition de notre nouveau *Code* les coutumes,
le droit romain, les ordonnances. On a aussi
consulté la jurisprudence des arrêts et les décisions des jurisconsultes. C'est de ces derniers
qu'il nous reste à parler.

On place à leur tête, pour l'ordre des tems,
Placentin, qui, né à Montpellier, est allé ap-
prendre le droit à Bologne sous le fameux
Yrnier, et l'a apporté dans sa patrie vers la fin
du douzième siècle. On pense généralement
qu'avant Philippe-le-Bel il n'y avait point eu
d'école régulière et reconnue par l'autorité.
Cependant, suivant *Bigord*, auteur de la *Vie de
Philippe-Auguste,* sous le règne de ce prince,
on enseignait le droit romain dans les universités de France. Philippe-le-Bel désirait que la
jurisprudence romaine fût enseignée, non com-

me droit positif, mais comme règle d'équité. Il venait d'établir deux parlemens sédentaires, l'un à Paris, l'autre à Toulouse. Une faculté fut autorisée dans cette dernière ville ; mais on trouva pour Paris des obstacles qui furent cause que l'on choisit Orléans, afin de respecter l'usage, qui avait établi la Loire pour limite des deux législations.

Une tombe que l'on voyait dans l'église des Augustins de Paris, annonçait qu'un jurisconsulte, nommé *Philippe de Volognac*, mort en 1317, avait professé le droit romain. Sous Charles VI et Charles VII on trouve encore des preuves qu'il était enseigné en France ; mais cet enseignement se bornait-il, comme on vient de l'observer, aux provinces d'outre Loire ? L'affirmative pourrait peut-être concilier le récit des historiens avec les actes que nous allons rapporter.

Un concile tenu à Reims en 1131, interdit l'étude du droit romain aux clercs qui, seuls à cette époque, étaient en possession de cultiver les lettres. On voulut l'enseigner à Paris, mais un concile tenu en 1210 renouvela la première défense. Innocent III écrit au chancelier de l'université qu'on doit s'en tenir aux coutumes que le tems a confirmées. En maintenant le même système, le pape Honorius bannit le droit romain de l'Ile-de-France et de tout le pays coutumier.

En 1250, S. Louis maintient les limites des coutumes et celles du droit écrit; en 1277, Philippe-le-Hardi défend aux avocats d'alléguer la loi romaine dans les pays coutumiers; Philippe-le-Bel, en 1312, confirme cette distinction. La défense portée par Honorius est renouvelée par l'ordonnance de Blois, publiée en 1579, qui défend à l'université de Paris de lire et graduer en droit civil; et *Cujas*, ce grand homme, honoré de l'amitié d'un grand roi, *Cujas*, que le chancelier *de l'Hospital* et Henri IV auraient voulu fixer à Paris, ne put jamais professer le droit romain en-deçà de la Loire; mais Louis XIV, attribuant à toutes ces mesures l'incertitude des jugemens, si préjudiciable à la fortune de ses sujets, ordonna, au mois d'avril 1679, qu'à l'avenir on enseignerait le droit romain à Paris, conjointement avec le droit canonique. Il créa en même tems une chaire de droit français.

Le seizième siècle est fameux par la révolution qu'il opéra dans l'étude du droit. La multitude des gloses et des commentaires, les faux systèmes et les fausses doctrines avaient fait de la jurisprudence romaine un labyrinthe inextricable. *Guillaume Budée*, *François Baudouin*, *François Hottmann*, les deux *Pithou*, *Barnabé Brisson*, étudièrent les mœurs, les usages, les lois et les formules des anciens Romains, pour mieux connaître et interpréter les lois de Justinien. Ils eurent également soin de rechercher, de corriger et de restituer les textes altérés par des copistes. Ils furent imités par d'autres savans ; mais leur maître, celui qui apporta à l'étude et à l'interprétation de la jurisprudence romaine le plus d'érudition, d'esprit philosophique et de génie, ce fut *Cujas*, que ses contemporains ont appelé le premier et le dernier des interprètes. En effet, on a de ses livres cette opinion, qu'ils dispensent de lire les écrits antérieurs, et que sans eux il est impossible de bien entendre les lois romaines. *Cujas*, au surplus, a prouvé par son exemple que l'étude des lettres et de l'histoire est indispensable au jurisconsulte, et il déclare qu'elle a beaucoup contribué à ses prodigieux succès.

On doit à *Denis Godefroi* l'édition du corps de droit romain dont on se sert dans toutes les écoles. Elle est enrichie de notes courtes, mais savantes, qui ont pour objet de corriger des textes, d'en expliquer d'autres, de rapprocher

7

les lois qui s'interprètent mutuellement, et d'indiquer les lois opposées, ou les antinomies. *Denis Godefroi* est le chef d'une famille féconde en jurisconsultes, et *Jacques*, son fils, s'est rendu célèbre par sa profonde érudition et une grande connaissance des antiquités.

De son côté, *Charles Dumoulin* a fait sur le droit coutumier les plus savans commentaires que nous ayons. Nourri de la lecture des jurisconsultes romains, il s'est tellement approprié leurs sentences et leurs maximes, qu'elles coulent naturellement de sa plume, et viennent se placer comme d'elles-mêmes à côté d'une loi municipale. Riche de son propre fonds, il peut être regardé comme l'oracle de la raison et de l'équité. Il fait autorité par lui-même et non comme témoin de la tradition. Ses sentences sont d'un fréquent usage dans les écoles et au barreau.

Avec moins de génie, mais avec des connaissances étendues, un esprit profond et méthodique, la plus grande rectitude dans les idées comme dans les principes, et sur-tout avec le plus beau don que la Providence puisse faire à un jurisconsulte, un cœur droit, *Daguesseau* est devenu l'un des premiers flambeaux de notre jurisprudence.

On range parmi les ouvrages de jurisprudence celui qui a pour titre : *Arrêtés de M. le P. P. de Lamoignon.* Ce grand magistrat avait conçu le dessein de réduire toutes les coutumes à une seule, pour servir de loi générale dans tout le royaume. Il avait réuni, à cet effet, les plus savans hommes de son tems. Ce projet de code uniforme est resté sans exécution, mais il a été conservé sous le titre d'*Arrêtés*, et on l'a consulté pour la rédaction du *Code civil.*

Il est impossible de s'occuper de tous les jurisconsultes dont on voudrait parler ; mais il y en a deux qu'on ne peut passer sous silence et qui méritent d'autant plus nos respects que leurs écrits sont les sources où les rédacteurs du *Code* ont puisé la plus grande partie de ses dispositions. Le premier est *Domat*, à qui l'on doit un *Traité des Lois civiles*, ouvrage auquel ont contribué les deux *Daguesseau*, qui s'honoraient de l'amitié de *Domat.* Le second est *Pothier*, qui a renfermé tout le droit dans des traités particuliers, et qui a arrangé les lois des *Pandectes* dans un ordre plus convenable à chaque matière. La belle et savante préface qu'on lit en tête de ce dernier ouvrage est de M. *de Guienne*, avocat au parlement. Dire que *Domat* et *Pothier* sont devenus les législateurs de la France, c'est faire suffisamment leur éloge.

Voilà à quoi j'ai dû borner l'histoire du droit français. C'est assez pour les personnes qui ne veulent que consulter les sources du *Code civil;* quant à celles à qui cet écrit inspirera le désir d'avoir des développemens, je les engage à lire l'ouvrage que M. *Bernardi* a publié en 1816 sur les antiquités de notre droit.

SECONDE PARTIE

INTRODUCTION

A L'ÉTUDE

DU DROIT NATUREL.

CHAPITRE PREMIER. [1]

L'Homme est soumis à des lois.

1. LE monde physique est soumis à des lois sans lesquelles il n'y aurait dans l'univers ni ordre, ni harmonie. La première de toutes, c'est le mouvement. Si les corps célestes cessaient

(1) Dans le projet du Code civil, il y avait un livre préliminaire qui portait pour titre : *Du Droit et des Lois;* on n'en a conservé que six articles, et l'on a supprimé le reste comme appartenant à la doctrine, et par conséquent à l'enseignement du droit dans les écoles ; ce qui fait un devoir aux professeurs de traiter d'abord de l'origine des lois, de leur division et de leur autorité.

d'obéir aux lois de la gravitation, tout rentre-
rait dans le chaos.

Le monde intellectuel a ses lois, et elles sont
également conformes à sa nature. Une substance
simple peut seule recevoir des idées, les
comparer et former des jugemens. Dans une
substance complexe, les idées se confondraient
et l'intelligence ne pourrait agir.

On a dit qu'il y a des *intelligences terrestres*.
Si par là on entend la substance immatérielle
qui anime l'homme, et qu'en la nommant
terrestre on veuille la distinguer de celles qui
ne sont pas unies à un corps, on a dit vrai ;
dans le cas contraire, on a avancé une ab-
surdité.

L'homme unit en soi les deux substances : il
doit donc avoir des lois conformes à sa double
nature.

C'est dans la nature et dans la destination
des choses qu'il faut rechercher les lois auxquelles elles sont assujetties. Comme appartenant à la nature sensible, l'homme obéit à des
lois qui lui sont communes avec tous les êtres
organisés et même avec les végétaux. Elles ont
pour objet sa conservation et sa reproduc-
tion (1). Doué d'intelligence, il sent qu'il est

(1) *Inst.*, lib. I, tit. 2, in princip. *Jus istud non humani ge-*

né pour le bonheur. Tout le porte incessamment vers cet unique objet de ses désirs. Il peut se tromper sur la nature de ce bien : aveuglé par ses préjugés, séduit par ses illusions, entraîné par ses penchans, il n'embrasse souvent qu'une ombre quand il croit saisir la réalité, mais ce n'en est pas moins une preuve de sa destination.

Des moralistes et des jurisconsultes n'ont fortement insisté sur cette vérité que parce qu'ils en ont senti toute l'importance, et qu'ils ont cru y trouver ce qu'ils appellent la *clef* du système de l'homme (1).

CHAPITRE II.

Première loi de l'homme.

2. C'est uniquement par la raison que l'homme peut parvenir à sa destination. On dit que le bonheur est une satisfaction intérieure de l'ame, qui naît de la possession du bien. On

---

neris proprium est, sed omnium animalium, quæ in cœlo, quæ in terrâ, quæ in mari nascuntur. Hinc descendit maris atque fœminæ conjunctio, quam nos matrimonium appellamus : hinc liberorum procreatio, hinc educatio.

(1) *Elémens du droit naturel*, par BURLAMAQUI, p. 72.

ajoute que le bien est tout ce qui convient à l'homme pour sa conservation , pour sa perfection, pour son agrément et pour son plaisir. Il aime et recherche le beau, parce qu'il est pour lui l'image de l'ordre et de l'harmonie ; les Hébreux se servaient du même mot pour exprimer la sagesse et la beauté. Il lui faut donc une règle universelle qui distingue ce qui est beau de ce qui est difforme , ce qu'on doit faire de ce qu'on doit éviter ; qui ait pour objet d'établir et de maintenir l'harmonie entre tous les êtres intelligens, et dans l'individu, entre les deux natures qui le composent. Or, cette première règle, c'est la justice. Elle soumet à des obligations tous les hommes, même sans les considérer dans l'état de société. Concluons que l'homme ne peut être véritablement heureux qu'en pratiquant la justice ; et cela est vrai , soit qu'il ne considère que la durée de son existence physique , soit qu'il porte plus loin ses espérances.

Vivre selon la justice est donc la première loi de l'homme (1), et elle ne peut être son ouvrage : il n'a pu se donner ni le sens moral, ni la conscience.

Ce n'est donc point dans la volonté de

(1) Domat.

l'homme et dans les ordonnances des princes qu'il faut chercher la règle du juste et de l'injuste. Je ne puis m'abstenir de réfuter le sentiment contraire, parce qu'on affecte trop de le reproduire et de l'accréditer aujourd'hui. On nous annonce une religion et un gouvernement plus parfaits que les gouvernemens et la religion qui existent aujourd'hui en Europe, et l'on nous avertit, en conséquence, de ne plus remonter au ciel pour y trouver l'origine de la justice. Selon les novateurs, toute action doit être indifférente en soi ; elle n'est bonne ou mauvaise que selon qu'elle est permise ou défendue par une loi humaine.

N'examinons pas jusqu'à quel point ont été reconnus sages les hommes qui les premiers ont annoncé cette doctrine (1), mais faisons plusieurs observations.

CHAPITRE III.

Il y a un droit naturel.

3. Si la règle de ce qu'on doit faire et de ce qu'on doit éviter est dans la seule volonté du

---

(1) *Archélaüs, Aristippe, Carnéades,* chez les anciens, et *Hobbes* chez les modernes.

souverain, on pourra dire, il est vrai, qu'une loi est bonne ou mauvaise, selon que ses dispositions seront plus ou moins efficaces pour le but qu'elle se propose ; mais comment pourra-t-on dire qu'elle est juste ou injuste, si l'on n'a pas un modèle auquel il faudrait la comparer ? Cependant, chez toutes les nations, une loi est accueillie avec reconnaissance, ou blâmée par l'opinion publique, selon qu'on la trouve ou conforme ou contraire à la justice.

4. Si des devoirs nous sont imposés envers le prince, il est aussi lié envers nous par des obligations. Sa loi sera la règle de notre conduite ; mais où sera la règle de sa conduite envers nous, si ce n'est dans un droit supérieur à sa volonté ?

Où sera, d'ailleurs, la garantie du prince, lorsqu'une partie de ses sujets, toute une ville, par exemple, voudra reprendre sa liberté naturelle et se rétablir dans sa première indépendance aux dépens du chef de l'Etat, qui représente la société tout entière ? Certes, cette garantie ne peut se trouver que dans la loi naturelle.

5. Les actions des sujets seront bonnes ou mauvaises, selon leur plus ou moins de conformité avec la loi du prince ; il n'y aura plus de for intérieur, plus de sens moral, j'ai presque

dit plus de conscience. Mais si ce même prince déclare la guerre à ses voisins, qui ne sont pas ses sujets, pourra-t-on dire que cette guerre est juste, parce que c'est sa volonté qui l'a déterminée? Non, sans doute. Où sera donc la loi supérieure qu'il faudra consulter? Les traités, dira - t - on. D'abord les traités n'ont pas tout prévu ; mais s'il n'y en a pas, et si, traversant les mers, ce chef d'un Etat européen va soumettre par la force des armes des peuples qui n'ont jamais entendu parler de lui, pourra-t-on dire que cette entreprise est conforme à la justice, parce que c'est la volonté du prince?

Les guerres sont des procès entre les nations, avec cette différence que dans les guerres c'est la force qui décide ; mais les principes de l'équité survivent aux conquérans.

6. Ecoutons un de ces hommes que nous appelons *sauvages*, et dont nous avons usurpé le territoire : « Qui vous autorise, nous dit-il, à
» défricher nos terres et à semer du blé dans
» nos pâturages ? De quel droit êtes - vous ve-
» nus vous emparer de l'héritage de nos pères,
» et faire des conquêtes sur un pays qui est à
» nous par une possession immémoriale ? En
» vertu de quelle loi prétendez-vous nous dé-
» fendre de mener paître nos troupeaux dans

» des terres qui nous appartiennent et sur les-
» quelles on ne vous a permis de descendre
» que pour y prendre des rafraîchissemens et
» disparaître? Vous disposez de nos biens en
» souverains, et vous nous faites tous les jours
» quelques nouvelles défenses d'approcher de
» telle ou telle terre. Que diriez-vous si l'on
» vous allait ainsi quereller dans votre pays?
» Seriez-vous d'humeur à le souffrir (1)? »

La même voix a retenti, les mêmes plaintes se sont fait entendre à la pointe d'Afrique, à l'isthme de Panama, sur les bords du Gange et dans les îles Sandwick. Ces hommes n'ont point étudié dans nos universités ; tous savent cependant qu'il y a une règle du juste et de l'injuste.

Il y a des actions qui sont regardées comme des crimes chez tous les peuples. Dans deux ou trois îles de la mer du Sud, on a commis des larcins envers nos voyageurs ; mais les coupables prenaient soudain la fuite ; ils savaient donc qu'ils venaient d'enfreindre une loi.

7. On pourrait dire, peut-être, avec quelque apparence de raison, que le genre humain ayant commencé par une seule famille, la règle du juste et de l'injuste a été une loi positive, émanée de la volonté arbitraire du premier

______

(1) *Description de l'Afrique*, par DAPPERS.

patriarche ; que chaque colonie a emporté avec elle cette première loi, soit qu'on l'ait écrite , soit qu'on l'ait conservée dans la mémoire ; qu'ainsi les notions de justice et d'équité se seront conservées de génération en génération, et que tous les peuples ne reconnaissent aujour-d'hui le vol, l'homicide, la foi violée, comme de grands crimes, que parce que ces actions sont contraires à une loi qui a été portée dans l'origine par le père commun de tous les hommes.

Les adversaires du droit naturel n'ont pas insisté sur ce raisonnement, parce qu'il faudrait l'appuyer sur ce fait principal d'une souche commune d'où sort tout le genre humain ; ce qui serait contraire à leurs préjugés ; on n'aime pas tout ce qui tend, même indirectement, à donner de l'autorité aux livres sacrés.

Quoi qu'il en soit, voici ce qu'il faudrait répondre à ce nouvel argument, s'il était opposé :

1°. Les principes ou les lois que les premières transmigrations ont emportées avec elles, ne se sont pas conservées dans toute leur pureté. Toutes les nations ont une idée quelconque de l'Être suprême ; le Natchès lui donne pour symbole trois tisons placés en forme de triangle ; mais tous n'ont pas conservé la connaissance du vrai Dieu ; il est donc difficile de croire qu'une loi positive ait traversé les siècles, les révolutions des empires, et se soit maintenue par la tradition malgré la décadence des Etats, l'ignorance et la dégradation des peuples.

2°. Si la justice dépendait d'une loi arbitraire, toutes les peuplades ne s'accorderaient pas sans qu'il y eût un concert entre elles pour conserver cette loi. Secourir le malheur est un des devoirs de l'homme. Est-ce une loi positive ou la nature elle - même qui excite notre indignation quand nous voyons le faible opprimé par le puissant ? Quel prince nous a ordonné d'être émus au récit d'une belle action ?

3°. Toute loi que l'on s'impose à soi-même est sans garantie et ne peut avoir de sanction. Si l'homme a créé lui-même la règle de ses devoirs, il ne peut être lié par elle. Supposons un Français, un Allemand, un Espagnol jeté par la tempête dans une île inhabitée. Il n'a plus de supérieur, il n'a donc plus de loi, toutes ses actions sont indifférentes. Qu'un autre homme survienne, il se trouve dans le même état d'indépendance, et chacun des deux pourra donner la mort à l'autre, même par fantaisie, puisque toutes leurs actions seront indiffé-

rentes. Disons donc qu'admettre un pareil système, c'est renverser tout l'édifice de la morale.

8. Ce n'est donc pas seulement dans l'état de
société que l'homme est soumis à des obligations. La société peut lui imposer de nouveaux
devoirs ; mais ces lois nouvelles sont plus ou
moins justes en raison de leur plus ou moins
de conformité avec une loi antérieure à l'établissement des sociétés,

Il n'y avait encore ni Romains ni Grecs, on
ne connaissait encore ni l'Egypte ni ses initiés
quand il fut dit à l'homme : *Vis honnêtement*,
ne fais de mal à personne, rends à chacun
ce qui lui est dû (1). Ce premier législateur est
supérieur aux princes de la terre.

L'homme reçoit donc, en naissant, la règle
du juste et de l'injuste. En effet, composez un
tribunal d'hommes que vous prendrez aux poles,
sous les tropiques et sous la ligne ; appelez, si
vous voulez, des habitans de la mer du Sud et
de l'Océanique, et dites-leur : *Un tel a man-*
qué à la foi promise. Tous vous répondront
qu'il est coupable d'un grand crime.

(1) *Inst.*, lib. I, tit. 1 , § 3. *Juris præcepta sunt hæc : honestè*
vivere ; alterum non lædere , suum cuique tribuere.

CHAPITRE IV.

La justice existait avant que l'homme fût créé.

9. ON accuse de grands publicistes d'avoir dit, ou, du moins, insinué que la loi est la volonté arbitraire de Dieu, que la règle du juste et de l'injuste est née avec l'homme, et que, par conséquent, cette règle n'existait pas avant la création. J'avoue qu'après avoir médité leurs écrits, je ne les trouve pas aussi coupables qu'on le prétend. On les fait parler quelquefois pour avoir le plaisir de les réfuter ; mais sur le fond de la question j'embrasse complètement l'avis du réfutateur.

En effet, il y avait des axiomes avant qu'il y eût des bouches pour les annoncer et des oreilles pour les entendre. Les vérités de la géométrie existaient avant les corps auxquels nous les appliquons aujourd'hui ; elles subsisteront encore quand l'univers sera rentré dans le néant. La justice n'est pas une volonté arbitraire de Dieu ; la justice et la vérité sont Dieu lui-même ; elles existaient donc avant le tems, avant l'univers. La loi première, source de toutes les autres lois, n'est autre chose que la raison suprême de l'Éternel (1).

(1) CICÉRON.

Concluons en disant que la justice n'est pas une volonté arbitraire de l'homme, qu'elle est conforme à la nature des choses, laquelle ne peut être saisie par la faiblesse de nos lumières ; que Dieu a gravé dans nos cœurs la connaissance du juste et de l'injuste, mais qu'il n'a pas créé la justice, parce qu'il n'a pu se créer lui-même, et que d'ailleurs il est incréé.

CHAPITRE V.

Nécessité d'un droit positif.

10. PUISQU'IL y a un droit supérieur aux caprices des hommes, indépendant de la volonté des princes, il n'est donc pas besoin de droit positif, diront quelques-uns ? Mais ce serait méconnaître la nature de l'homme.

Dieu lui a donné une ame capable de connaître et de sentir. Elle jugera par raison ou par sentiment de ce qu'il faut faire et de ce qu'il faut éviter pour vivre selon la justice ; mais l'expérience nous démontre que l'homme trouve en lui des penchans contraires à ses devoirs, qu'il porte, dans une même ame, des notions de justice et des passions injustes.

1°. Tous les peuples reconnaissent une loi,

première source de toutes les autres lois. On convient partout que pour être vertueux il faut observer tous ses devoirs envers Dieu, envers soi-même et envers ses semblables; mais tous les hommes n'honorent pas la Divinité de la manière qui lui convient; il y en a même qui lui font outrage par un culte contraire aux premières lois de l'humanité. Tous ne croient pas qu'il faut faire à autrui tout le bien qui dépend de soi, et que l'on doit pardonner les injures; tous, enfin, ne sont pas d'accord sur la nature du bien qui peut les rendre heureux, ni sur les moyens de l'acquérir.

Ainsi la loi naturelle ne se manifeste pas suffisamment à tous les hommes.

2°. D'un autre côté, elle ne les porte pas à accomplir tous leurs devoirs par des motifs assez puissans.

Ces motifs sont le sens moral et la conscience.

Le sens moral est une faculté naturelle par laquelle nous trouvons la vertu belle et le vice difforme; mais il n'a pas assez de pouvoir sur un cœur dominé par ses passions. L'idée du beau, du juste, de l'honnête, ne tient pas long-tems contre le charme des voluptés des sens ou des jouissances de la vanité.

L'expérience prouve également que la conscience n'a pas plus de force.

S'il y a eu de tout tems des lois pénales, c'est que de tout tems il y a eu des crimes. Toute loi positive n'est que la suite d'une infraction à la loi naturelle. Les Romains n'avaient pas encore prononcé de peine contre le parricide, lorsque le premier parricide fut commis à Rome.

L'ignorance de l'homme empêche donc qu'il possède la sagesse, cette raison éclairée qui lui apprend à discerner ce qui lui est favorable de ce qui lui est contraire, et quand il serait armé de ce flambeau, ses passions l'obscurciraient incessamment. Il faut donc une sanction à la loi naturelle, et elle la trouve dans la religion et dans le droit civil.

La religion trouve sa garantie dans les peines et les récompenses d'une autre vie. Le droit positif a la sienne dans les *actions* et dans les jugemens.

———

CHAPITRE VI.

Origine des puissances. — Première définition de la loi.

11. La religion est nécessaire à l'homme, même lorsqu'il vit isolé et qu'il n'est soumis à

aucune puissance temporelle. La loi civile naît de l'état de société.

Le genre humain est composé de deux sexes. Leur union est dans le vœu de la nature. Le mariage forme une famille, et toute la famille est une société dont le chef naturel est le mari.

La terre a été donnée à l'homme pour qu'il la cultive. Si chaque père de famille fait lui-même tous ses instrumens aratoires, s'il forge le fer qui lui est nécessaire, et compose le har-nois de l'animal qu'il s'associe, chaque chose sera mal faite, parce que les occasions de la faire se renouvelleront rarement. Il faut donc, au contraire, que chacun se charge spéciale-ment d'un objet à part, afin que le perfection-nement de l'art naisse de l'habitude et de l'ex-périence. De là les arts mécaniques et l'union de plusieurs familles dans l'intérêt commun; de là la naissance des sociétés, et cet état est entièrement conforme à la nature de l'homme.

Chaque chef de famille, en entrant en société, a dû faire le sacrifice d'une partie de sa puis-sance naturelle ; tous les membres, celui d'une partie de leur liberté. On a dû choisir des ma-gistrats ou élire un prince. Le pouvoir sur cha-que famille était conféré par la nature, le pouvoir sur la société est né de la convention , et on l'a appelé *autorité civile.*

C'est donc le droit naturel ou plutôt Dieu lui-même qui nous ordonne d'obéir aux puissances.

12. Dépositaire de la puissance de Dieu et de celle que lui a confié la société, le prince fait des réglemens pour procurer l'exécution du droit naturel. Comme ces réglemens sont propres à chaque cité, on les appelle *lois civiles.* Comme ils sont fixés par écrit, pour les distinguer des lois naturelles on les appelle *lois positives.*

Ainsi, dans chaque cité, la loi est une déclaration solennelle de la volonté du souverain sur un objet d'intérêt commun (1). Je transcris cette définition, mais je la crois incomplète ; c'est sur quoi je m'expliquerai tout à l'heure.

CHAPITRE VII.

Autre définition de la loi.

13. Dieu est donc le premier auteur des lois positives, et c'est l'offenser que de ne pas leur

(1) Portalis , *Discours préliminaire sur le Code civil.*

obéir. Mais il s'ensuit aussi que les lois des princes doivent être conformes au droit naturel, à la loi première, hors de laquelle il n'y a qu'erreur et qu'injustice.

En effet, la religion, qui est l'ouvrage de Dieu, ne peut être contraire à la suprême justice, qui est Dieu lui-même; car Dieu ne peut se détruire. La loi positive ne peut trouver de sanction dans la religion qu'autant qu'elle est conforme à cette loi première, d'où la religion découle nécessairement; on a donc tort d'appeler les lois des princes des lois *arbitraires*, comme on a tort de dire qu'on *fait* une loi. On la trouve déjà *faite* dans les principes du droit naturel. Le pouvoir législatif ne peut être institué que pour établir et promulguer de bonnes lois positives, des lois dont la raison primitive soit dans celles que Dieu nous a données. Dieu nous a ordonné d'obéir aux puissances. Elles ne sont, d'ailleurs, établies parmi les hommes que par une convention expresse ou tacite, une réunion de volontés déterminées librement par un intérêt commun. Dieu et les hommes n'ont pu donner le pouvoir de faire de mauvaises lois. D'ailleurs, les droits ne sont jamais fondés que sur les devoirs, et certainement le premier devoir d'un législateur doit être de ne point

faire de lois évidemment contraires aux intérêts de la société.

J'adopte donc volontiers cette autre définition : « Le pouvoir législatif consiste dans le
» droit exclusif de manifester par des signes
» sensibles aux autres hommes les résultats
» des lois naturelles et essentielles de la société,
» après qu'ils lui sont devenus évidens, et de
» les sceller du sceau de son autorité, afin de
» leur imprimer un caractère qui soit pour
» tous les esprits et toutes les volontés le point
» fixe de leur réunion (1). »

CHAPITRE VIII.

Il y a des lois de circonstances.

14. C'est la raison éternelle qui doit inspirer
les lois. Dans l'origine des sociétés, elles peuvent avoir pour objet de maintenir les mœurs
existantes. Depuis, elles ont dû former ou re-
dresser les mœurs.

Lorsque les plus grands philosophes croyaient
que la vertu ne pouvait être l'apanage du vulgaire, les lois pouvaient n'avoir qu'une bonté
relative, et ceux qui les publiaient se laissaient

(1) *L'ordre naturel et essentiel des sociétés politiques.*

maîtriser par les mœurs actuelles. Les nations éclairées par une religion qui a rendu la vertu populaire, peuvent supporter les meilleures lois.

Mais il y a des lois permanentes, et des lois faites pour le besoin du moment. Entraîné par la force des circonstances, le législateur peut quelquefois ne pas consulter cette règle, nécessaire dans toute autre occasion. Ses réglemens n'auront alors qu'une bonté relative ; mais l'empire du moment n'existant plus, tout doit rentrer dans l'ordre naturel.

Il y a aussi des lois politiques, comme il y a des lois civiles. Les premières ont pour objet de fonder et de maintenir des institutions conformes au génie et au caractère particulier de la nation. Telle est, entre autres, l'institution de la noblesse. Le législateur s'éloigne alors du principe de l'égalité, qui est dans le vœu de la nature ; mais il le fait pour le bien même de la société, et la loi n'est point injuste. Néanmoins, toutes les fois que cette espèce de dérogation ne sera pas nécessaire, la loi naturelle devra reprendre son empire, et ceci est une des règles les plus sûres pour l'interprétation des lois.

Les lois civiles proprement dites sont celles

qui fixent l'état des hommes comme sujets du même prince, les rapports et les obligations de particulier à particulier.

CHAPITRE IX.

Respect dû aux lois.

15. Il peut y avoir de mauvaises lois ; mais c'est être mauvais citoyen que de leur résister, et c'est leur résister que de porter directement ou indirectement les autres à la désobéissance. Dieu accorde à chacun les grâces qui lui sont nécessaires pour qu'il puisse remplir les devoirs de l'état auquel il l'appelle ; mais errer est de la nature de l'homme. Les erreurs du juge sont des jugemens, les erreurs du souverain sont des lois. Je suis fermement persuadé qu'on a tort de prétendre que dès qu'une loi est promulguée, chacun a le droit de l'attaquer dans le sens qu'il lui plaît, qu'on peut l'accuser d'erreur ou d'injustice, et donner à cet acte d'hostilité toute la publicité possible.

Une loi ne peut être attaquée que par des voies légales ; elle peut être injuste dans le sens d'un écrivain, et ne l'être pas aux yeux de la majorité de la nation. Combattre la volonté du

souverain au moment où elle se manifeste, inviter les peuples à y trouver de l'injustice, c'est
leur ôter l'un des premiers motifs de leur obéissance, c'est détruire cette puissance morale
bien supérieure aux baïonnettes, c'est contraindre le prince à ne régner que par la force
et s'exposer à succomber sous une force supérieure; et, je ne crains pas de le dire, un pareil système anéantirait l'autorité, et réduirait
bientôt un peuple à l'état de ces Troglodites
dont *Montesquieu* fait une peinture si ef-
frayante.

16. Ces vérités deviennent encore plus sensibles dans un pays où la nation prend part à
la formation des lois, où leurs projets deviennent publics et par la présentation et par la
discussion. Que dans le tems intermédiaire des
écrivains aient la noble ambition d'éclairer les
trois branches législatives sur les abus, les inconvéniens, les injustices que l'on serait prêt à
consacrer, rien de plus conforme au droit naturel; mais dire qu'une loi promulguée ne doit
pas recevoir les respects des peuples, et pro-
tester contre les actes du pouvoir législatif,
c'est s'arroger une puissance tribunitienne qui
est contraire à la nature des choses (1).

(1) Cicér., *de Legib.*, lib. III.

J'avouerai, toutefois, que si une loi a présenté des inconvéniens dans son exécution, il est permis de les signaler et d'indiquer les changemens qu'elle peut subir ; mais la réclamation doit être faite avec mesure et en conservant le respect qui est dû à la puissance législative.

CHAPITRE X.

Différence entre les lois naturelles et les lois positives.

Nous venons de parler des lois naturelles et des lois civiles, il est tems de fixer les caractères qui les distinguent. Nous déduirons ainsi les conséquences de ce qui vient d'être dit.

17. La loi naturelle est immuable, la loi positive peut changer.

Si les lois naturelles sont indépendantes des tems et des lieux, et si nulle autorité ne saurait les changer ni les abolir, il ne peut en être de même des lois positives, lesquelles doivent proportionner les moyens aux motifs, et, constantes dans leur esprit, varient en raison de ces mêmes moyens, qui ont pour objet le bien de la société.

18. Les lois naturelles régissent tous les hom-

mes; les lois civiles, tous les membres d'une même cité.

Ceci, cependant, veut quelques explications.

1°. Un étranger vient habiter en France et ne s'y fait pas naturaliser; il ne cesse point d'être membre de la cité où il a reçu le jour, il reste soumis à ses lois en tant qu'elles gouvernent sa personne, c'est-à-dire son état et sa capacité civile, et ces lois s'appellent *lois personnelles*. (*C. civ.*, art. 3.)

2°. S'il possède en France des immeubles, il devra se conformer aux lois françaises pour les modes de transmission qui n'appartiennent pas au droit des gens, et même pour leur affectation par hypothèque. Les lois qui contiennent des dispositions à cet égard sont appelées *lois réelles*. (Même art.)

3°. Il n'est permis à personne d'insulter, de blesser autrui, de porter atteinte à l'ordre qu'il trouve établi dans un pays où il est étranger. Il doit en respecter les mœurs et la religion, lors même que cette religion et ces mœurs ne seraient point celles de son pays. Il vit momentanément sous des lois qui le protègent; il ne lui est pas permis de les enfreindre. D'ailleurs, la loi a pour objet la conservation de l'Etat; elle veille sur toutes les actions de ceux qui pourraient en enfreindre la police et en troubler la tranquillité. Nous sommes donc soumis aux *lois de police et de sûreté* du pays que nous traversons en voyageant ou dans lequel nous séjournons. (Même art.)

Il y a des règles particulières pour les ambassadeurs. Ils sont indépendans comme le prince ou la nation qu'ils représentent ; les hôtels qu'ils habitent sont regardés, en quelque sorte, comme étant hors du territoire dans lequel ils sont situés, et représentent le territoire de la patrie de l'ambassadeur, comme lui-même représente son gouvernement. Ce qui les concerne n'appartient ni au droit politique, ni au droit civil ; il est réglé par le droit dès gens et par les traités. S'ils abusent de leurs priviléges, on fait cesser cet abus en les renvoyant chez eux. On peut même les accuser devant leur maître, qui par-là devient leur juge ou leur complice. Cependant, s'ils conspiraient contre l'Etat, il faudrait faire contre eux tout ce que le salut de l'Etat exigerait.

Les personnes de la suite de l'ambassadeur participent à ses priviléges.

19. On ne peut se prévaloir de l'ignorance du droit naturel ; on ne connaît le droit civil que par sa publication. En effet, les lois natu-

relles acquièrent pour nous une sorte de noto-
riété, puisqu'elles se manifestent par la voix de
la raison ; quant aux autres, ce n'est que par
des actes extérieurs qui frappent les sens qu'elles
peuvent manifester leur existence et acquérir
la publicité qui les rend obligatoires. (*C. civ.* ,
art. 1.)

20. La loi naturelle règle tous les tems ; la
loi civile n'a d'autorité que sur l'avenir (*C. civ.*,
art. 2.) (1). Toute action contraire à une loi
existante est une action injuste : la loi naturelle
est antérieure aux hommes, elle détermine
donc la justice ou l'injustice de toutes leurs actions. Mais par une autre conséquence du même
principe, on ne peut déclarer injuste une action antérieure à la loi humaine qui la défend,
et c'est ce principe qui garantit la liberté civile.
La liberté civile consiste dans le droit de faire
tout ce qui n'est pas prohibé par la loi, et l'on
regarde comme permis tout ce qui n'est pas
défendu. Il n'y aurait donc plus de liberté civile si la loi punissait des actions qui ont été
commises et qui n'étaient pas défendues avant
qu'elle reçût l'existence.

(1) L. 7., C., *de Legib. Leges et constitutiones futuris certum
est dare formam negotiis, non ad facta præterita revocari : nisi
nominatim, et de præterito tempore, et adhuc pendentibus
negotiis cautum sit.*

21. Les jurisconsultes disent qu'une action est *équitable* quand elle est conforme à la loi naturelle, et qu'elle n'est que *juste* quand elle n'est conforme qu'au droit positif, d'où ils tirent cette conséquence, que ce qui est juste n'est pas toujours honnête.

22. Ils disent encore que le droit naturel ne produit que des devoirs imparfaits, tandis que le droit civil produit des obligations parfaites.

Nous reviendrons sur cette dernière distinction.

CHAPITRE XI.

Suite du précédent. — Des lois personnelles et des lois réelles.

23. La loi personnelle règle tout ce qui constitue l'état d'une personne, depuis le commencement de son existence jusqu'à la fin, c'est-à-dire sa conception, sa naissance, sa légitimité, sa capacité civile, son état dans la famille, son autorité et sa dépendance, sa qualité de française ou d'étrangère, sa vie et sa mort civile.

La loi personnelle assure des droits ou prescrit des devoirs; dans le premier cas, elle permet (art. 343, 361, 376, 902, 904); dans le second, elle ordonne (art. 371, 152, 214) ou défend (art. 144, 903, 905, 1124). Le Français qui réside en pays étranger et n'a pas abdiqué sa patrie, peut donc jouir du bénéfice des lois personnelles qui permettent, et il ne peut enfreindre celles qui ordonnent ou défendent. L'étranger qui réside en France et n'y jouit pas des droits civils, ne peut réclamer les avantages qui résultent des unes, et n'est pas tenu d'observer les autres. Il reste soumis à la loi personnelle de son pays.

24. Le droit de propriété et la transmission des biens intéressent également l'ordre de la société ; la loi régit donc tous les immeubles situés en France, même quand ils sont possédés par des étrangers.

On l'appelle, sous ce rapport, *loi réelle ;* parce que ce ne sont pas les personnes qu'elle a pour objet, mais les choses ou leur affectation à certaines personnes, ou leur conservation dans les familles ; en sorte que ce n'est nullement l'intérêt des propriétaires qu'elle a en vue. Telles sont, entre autres, les dispositions des art. 731, 732, 913 et 915.

Pour bien distinguer si une loi est personnelle ou réelle, il faut en considérer les motifs ; si, par ce secours, on découvre qu'elle a

uniquement pour objet la personne et ses intérêts, ce sera une loi personnelle, et elle
étendra son empire sur tous les biens de la
personne, en quelque endroit qu'ils soient
situés. Si elle n'a considéré les biens qu'abstraction faite de la personne du propriétaire,
ce sera une loi réelle, et son empire sera limité aux choses situées dans son territoire.
C'est ainsi que l'étranger qui se trouve en
France est régi par la loi personnelle de son
pays, quant à sa capacité, et par nos lois réelles,
quant aux biens qu'il possède sur notre territoire.

On pense qu'il y a des lois qui sont tout à-la-
fois réelles et personnelles, et l'on cite pour
exemple les art. 757 et 908.

Les biens dont nous avons parlé sont les
immeubles, car les meubles suivent la personne.

25. De tout ce que nous avons dit, il résulte
que c'est la situation des immeubles qui règle
l'empire des lois réelles, et le domicile qui détermine l'empire des lois personnelles. C'est,
en effet, en raison du domicile que s'exercent
les droits civils (art. 102).

26. Il y a une autre espèce de lois qui concernent la forme des actes (art. 931, 969, loi du

25 ventôse an 11) (1). Elles naissent de cet axiome si connu, *locus regit actum.*

CHAPITRE XII.

Droit des gens.

27. La réunion des préceptes que consacrent les lois naturelles, s'appelle assez ordinairement *droit de la nature et des gens.* On veut dire par-là qu'il régit toutes les *nations*, ou tous les hommes, quelque pays qu'ils habitent. Dans ce sens, la plupart des contrats appartiennent au droit des gens. Ne nous attachons point à la différence qui existe entre le système des Romains et le nôtre. Qu'il y ait un droit des gens *primaire*, un droit des gens *secondaire*, peu importe, pourvu qu'on ne conçoive pas de fausses idées de ce qui est essentiel dans la nature des choses.

Le droit naturel, en considérant les nations comme individus, les régit comme si elles étaient de simples particuliers, et, sous ce rapport, on peut l'appeler *droit des gens.* Les peuples ou les souverains font entre eux des traités

(1) C'est la loi sur le notariat : on la trouvera à la fin du volume.

par lesquels ils peuvent déroger à ce premier droit ; mais les traités ne se forment que par des conventions , et les conventions sont dans le ressort du droit naturel ; ainsi , malgré les distinctions arbitraires des jurisconsultes , il faut toujours remonter aux mêmes principes.

28. Le droit positif ou droit écrit, qu'on appelle également *droit civil*, prend différens noms, selon les objets auxquels il s'applique. Ainsi nous avons le droit civil proprement dit, le droit politique, le droit canonique , le droit criminel, etc. Il n'en est pas moins vrai de dire que ces différens systèmes de législation sont plus ou moins parfaits, selon qu'ils se trouvent plus ou moins conformes à la nature des choses (1).

CHAPITRE XIII.

Il doit y avoir une jurisprudence naturelle et une jurisprudence civile.

29. Nous en avons assez dit pour faire voir qu'il n'y a point de science plus étendue que le droit naturel ; qu'il embrasse toutes les actions humaines , de quelque ordre qu'elles puissent

(1) V. Domat, ch. 11 , n° 45.

être, et que c'est de lui que découlent tous les droits positifs qui ont servi à l'établissement et à la conservation des sociétés. On ne peut donc expliquer efficacement les lois civiles si l'on n'a pas fait des études suffisantes pour pouvoir remonter jusqu'à leur source, et descendre ensuite, de principe en principe, jusqu'aux conséquences les plus éloignées ; et c'est faute d'une bonne méthode que les ouvrages de la plupart des jurisconsultes présentent une suite de subtilités et d'énigmes qui rebutent les étudians, au lieu de ces solutions évidentes que l'esprit accueille et que la raison confirme (1).

Il y a une jurisprudence naturelle, et c'est l'art de parvenir à la connaissance des lois de la nature, de les développer et de les appliquer aux actions humaines (2).

Il y a aussi une jurisprudence civile ; elle naît de l'impuissance où se trouve la loi humaine d'embrasser toutes les espèces ; c'est une sorte de supplément à la législation ; c'est la science pratique des lois, et l'art d'en faire une juste application (3).

L'ignorance de l'homme et ses passions ren-

(1) FORMEY, *Préface de Wolff.*
(2) BURLAMAQUI.
(3) PORTALIS.

dent nécessaire une doctrine écrite et discutée
par les plus sages.

CHAPITRE XIV.

Qualités du jurisconsulte.

30. L'HOMME a des idées plus ou moins
exactes des choses, selon qu'il connaît plus ou
moins de termes pour les exprimer avec leurs
modifications. Pour bien penser, il faut pouvoir appliquer un mot à chaque objet de la
pensée ; il n'y a donc que des hommes institués
qui puissent traiter utilement du droit naturel.

Puisque ce droit est fondé sur la nature des
choses, il faut connaître cette nature. De là, la
nécessité de faire de longues observations sur
la nature de l'homme. Or, tous ne sont pas
capables de cette attention soutenue, de cette
réflexion profonde, de cette grave méditation
absolument nécessaires quand on veut traiter
des matières de cette haute importance. On
décore du nom de sages ceux qui professent
cette science, la plus noble et la première de
toutes. Or, si, comme je l'ai dit d'après *So-
crate*, la sagesse est une raison éclairée, les
hommes les plus éclairés peuvent seuls être les
interprètes de la loi naturelle.

31. Mais la science ne suffit pas. L'harmonie de l'univers, l'ordre qui règne dans un Etat, le contentement intérieur qui rend l'homme heureux, ne peuvent jamais résulter que de l'union intime de la Force avec la Sagesse. Il faut donc qu'à une raison éclairée qui lui sert de guide, l'homme joigne une volonté ferme et constante de marcher à la lueur de ce flambeau, et c'est en cela que consiste la vertu. Il ne suffit donc pas de discerner ce qui est bon, il faut encore avoir assez de force pour le pratiquer et fuir ce qui est mauvais.

Pour être un digne interprète du droit naturel, on doit donc savoir maîtriser ses passions, afin qu'elles n'altèrent point en nous les notions du juste et de l'injuste que nous avons acquises par l'habitude de la méditation.

L'orateur consulaire fut un grand homme, sans doute ; mais ce jurisconsulte (1) qui ne cultivait la philosophie que pour en faire une science pratique et pour l'approprier aux besoins de l'homme dans l'état de société, celui-là dont toutes les décisions sont marquées du sceau de l'équité la plus épurée, cet homme qui exerçait le sacerdoce de la jurisprudence comme

(1) Papinien. On a beaucoup de choses de lui dans le *Digeste* ; mais elles nous font regretter celles qui nous manquent.

celui de la magistrature, qui mourut à trente-trois ans, et à qui, selon l'expression du plus grand jurisconsulte des tems modernes (1), personne ne pourra jamais être comparé, à moins que ce ne soit par dérision, ce bienfaiteur de tous les siècles me paraît bien plus grand que tous les philosophes spéculatifs, au-dessus desquels ne s'est élevé *Cicéron* que parce qu'il a envisagé les lois sous les mêmes rapports.

CHAPITRE XV.

Ce que c'est que la justice.

32. HATONS - NOUS donc de recueillir les principaux préceptes que ces hommes célèbres nous ont transmis.

Tous découlent de cette première loi : rendre à chacun ce qui lui est dû. La justice consiste dans une volonté constante et perpétuelle de remplir cette obligation (2).

On dit que nous devons cette définition aux stoïciens, tant mieux pour les dogmes du Portique. Il faut que cette volonté soit constante. La sagesse, ainsi que je l'ai déjà observé, ne

(1) CUJAS.

(2) *Justitia est constans et perpetua voluntas jus suum cuique tribuendi.* (*Instit.*, lib. I, tit. I, in princ.)

suffit pas pour pratiquer la justice : vainement la raison nous éclaire sur nos devoirs, si nous n'avons pas cette constance, c'est-à-dire cette vertu qui, pour les accomplir, nous fait surmonter tous les obstacles.

Pour être juste, il ne suffit pas de faire le bien par intervalle, il faut le faire perpétuellement.

Si l'homme n'est point, en général, capable d'une volonté constante et perpétuelle, la religion lui apprend qu'il peut compter sur des secours qui ne sont pas en lui. Je sais bien que les stoïciens croyaient que la vertu ne pouvait être le partage que d'un petit nombre d'ames privilégiées ; mais les stoïciens n'avaient pas le secours de la révélation. Je ne dirais donc pas aujourd'hui qu'en définissant comme eux la justice, on ne la conçoit que dans son essence et abstraction faite de son sujet, qui est l'homme.

Quoi qu'il en soit, de la première règle que nous avons établie il en découle quatre principales qui sont le fondement de toutes les autres ; ainsi l'homme a des devoirs à remplir :

1°. Envers Dieu,

2°. Envers soi-même,

3°. Envers le prince,

4°. Envers ses semblables.

Suivons ces quatre grandes divisions.

CHAPITRE XVI.

Devoirs envers Dieu.

33. Il y a, dit *Montesquieu*, une loi qui imprime dans nous-mêmes l'idée d'un créateur, et nous porte vers lui. C'est la première des lois naturelles par son importance.

Cicéron (1), voulant traiter des lois, invoque d'abord la divinité, *ab Jove musarum primordia*. Il ne saurait mieux commencer, dit-il, et il donne pour premières lois celles de la religion : « Que l'on s'approche des dieux avec pu- » reté. Que l'on se présente devant eux en es- » prit de religion, etc. » Les décemvirs ont terminé leurs tables par le *droit sacré,* qu'ils regardaient comme le couronnement de leur édifice.

Les interprètes du droit naturel divisent les devoirs envers Dieu en *connaissance* et en *culte.*

Il faut savoir qu'il y a un Dieu, qu'il est le créateur de l'Univers, qu'il le gouverne et le conduit par une sage providence, qu'il n'y a qu'un seul Dieu, que ce Dieu est un être souverainement parfait (2).

(1) *De Legibus*, lib. II.
(2) Burlamaqui. *El.*, p. 47.

On peut voir le développement de ces pro-
positions dans le traité des devoirs de *Puffendorf*, en consultant toutefois les notes de *Barbeyrac.*

34. Quant au culte, je me contenterai de citer l'auteur de la *Religion révélée* (1).

Il dit, d'abord (p. 43), que la fin du culte
que l'homme rend à Dieu est de lui plaire, de
devenir digne de ses regards et de ses bienfaits.
Et plus loin (p. 99) il s'exprime ainsi :

« La religion de l'homme doit être analogue
» à sa nature : il est composé de corps et d'ame :
» il faut donc que sa religion ait, comme lui ,
» un corps et une ame.

» 1°. Elle doit avoir un corps, parce que ,
» 1° le corps de l'homme est l'ouvrage de
» Dieu : il doit donc rendre hommage à Dieu
» en sa manière ; 2° il est presque impossible que
» l'ame éprouve de vifs sentimens sans que
» l'imagination et les sens y prennent part ; le
» cœur pénétré de religion se répand naturel-
» lement au-dehors par des prosternemens ,
» par le chant, par les larmes, etc. ; 3° les
» hommes doivent être en société sur la terre,
» non pour les affaires de cette vie seulement ;

(1) C'est un ouvrage de M. HERLUISON , que j'ai publié en
1813, après la mort de l'auteur.

» mais encore plus pour celles de la vie future :
» ils doivent donc s'exciter, s'édifier, s'échauf-
» fer mutuellement comme membres du même
» corps. Jamais leur fraternité n'est plus belle,
» plus touchante, plus véritable, que quand ils
» s'entr'aident à remplir le plus saint de tous
» les devoirs, et à acquérir le plus grand de
» tous les biens.

» 2°. Mais le culte extérieur ne doit pas être
» le principal objet de la religion : cette gloire
» appartient au culte intérieur, parce que, 1°
» la principale partie de l'homme n'est pas le
» corps, mais l'ame, qui est essentiellement
» le siége de la religion ; 2° le vrai Dieu que la
» vraie religion connaît et adore n'est pas une
» divinité stupide, qui se contente de ce qu'il
» plaît à ses adorateurs de lui offrir, ni une divi-
» nité aveugle que l'on puisse tromper par les
» apparences mensongères d'un culte pure-
» ment extérieur, et la raison souscrit pleine-
» ment à cette parole de l'Evangile : *Dieu est*
» *esprit, et il faut que ceux qui l'adorent,*
» *l'adorent en esprit et en vérité.*

» Ainsi la religion doit prescrire à l'homme
» un culte intérieur comme objet capital, et
» un culte extérieur comme une dépendance
» du culte intérieur. »

Quant au culte intérieur, il consiste à honorer Dieu, et pour l'honorer dignement il faut
croire en lui, mettre en lui toutes ses espérances, l'aimer d'un amour sans bornes.

J'ai cité cet auteur par préférence, parce
que, selon la remarque judicieuse de *Barbeyrac*, *Puffendorf* a attribué au culte extérieur
des choses qui appartiennent au culte intérieur,
et réciproquement : confusion qui n'a pas été
aperçue par *Burlamaqui*.

CHAPITRE XVII.

Devoirs de l'homme envers lui-même.

35. Quant aux devoirs de l'homme envers
lui-même, c'est encore *Cicéron* qui va parler
avant tous : il faut d'abord que l'homme se
connaisse lui-même.

« Celui qui se connaîtra bien sentira d'abord
quelque chose de divin en soi, et regardera la
pensée qui réside en lui comme une image sa-
crée de la divinité ; et, dans la vue de ce haut
présent des dieux, il ne fera point une action,
n'aura point un sentiment qui n'en soit digne.
Après un examen approfondi de lui-même, il
comprendra quels dons naturels accompagnent

son entrée dans la vie, et quels moyens il a d'acquérir la sagesse et d'atteindre jusqu'à elle; puisque, dès le commencement, son ame conçoit comme une idée confuse de toutes choses, avec ces lumières et le secours de la sagesse il verra qu'il peut être homme de bien, et devenir par-là même heureux.

. » En effet, lorsque l'esprit, pénétré de la connaissance des vertus, se sera affranchi de toute complaisance servile pour le corps ; aura étouffé la volupté qui dégrade en quelque sorte la dignité de sa nature ; aura échappé à toute crainte de la mort et de la douleur ; aura lié avec les siens une société d'amour, et regardé comme siens tous les hommes sans exception ; aura honoré les Dieux par un culte saint et une religion éclairée; aura exercé son jugement à choisir le bon et à rejeter le mauvais, comme l'œil discerne les objets ; n'aura-t-il pas atteint le plus haut degré de bonheur qu'on puisse imaginer? Lorsque l'esprit découvrira encore le ciel, la terre, la mer et la nature de toutes choses; apercevra leur origine, leur fin, le terme et le mode de leur destruction, ce qu'elles ont de mortel et de périssable, ce qu'elles ont de divin et d'éternel; s'élèvera jusqu'à celui qui les préside et les gouverne; ne se verra plus circonscrit dans les limites d'un seul lieu, mais embrassera le monde entier comme une seule partie ; au milieu de ce magnifique spectacle où la nature se montre et se manifeste tout entière, Dieux immortels, qu'il se connaîtra bien lui-même ! quel mépris, quel dédain, quelle insouciance il aura pour tout ce que les hommes admirent le plus (1) ! »

L'homme qui est parvenu à cette connaissance de soi-même sait bien qu'il doit, autant que sa nature le lui permet, imiter les perfections qui sont en Dieu ; c'est Dieu qu'il doit prendre constamment pour modèle. Dieu est infiniment heureux, voyons pourquoi. Je cesse de citer pour exposer des pensées qui m'ont frappé depuis long-tems.

36. Les seules lumières de la raison ont suffi pour faire reconnaître qu'en Dieu est la Toute-puissance unie à la Sagesse suprême par l'Amour, et que c'est cet amour qui produit l'ordre et l'harmonie que nous admirons dans l'univers. En effet, si la force qui produit n'était pas intimement liée avec la sagesse qui éclaire, elle n'en suivrait pas les conseils, et alors elle ne produirait que désordre et confusion. Ce serait comme une géométrie sans axiomes. Au

______

(1) Cic., *de Legib.*, lib. I.

contraire, tout est beau, tout est grand, tout est parfait dans la création, parce que l'amour unit les deux premiers principes. *Tout est bien sortant des mains de l'auteur des choses*, et cet auteur est parfaitement heureux par la contemplation de ses ouvrages.

Supposons une république où les forts obéissent aux sages, où ces deux premiers ordres d'un Etat soient unis par un sincère et profond amour de la justice et de la patrie : l'ordre, l'harmonie, règneront partout, et les peuples obtiendront cette somme de bonheur qu'il nous est permis de goûter sur la terre.

Maintenant, si l'homme sait unir à cette raison éclairée que nous appelons *sagesse* un courage suffisant, une vertu assez constante pour exécuter tout ce qu'elle lui prescrit, il parviendra à sa destination, qui est le bonheur. Pour opérer cette union si nécessaire, il faut qu'il ait de soi-même un amour éclairé et raisonnable. Là où il n'y a pas union intime de la force et de la sagesse, il n'y a pas d'harmonie : la justice est méconnue ou violée, et l'homme s'éloigne de sa destination.

L'homme doit donc chercher à connaître Dieu, à se connaître lui-même, et imiter la divinité autant qu'elle le permet à sa faiblesse.

C'est de ce premier devoir que découlent tous les autres. Eclairer son esprit, fortifier son ame, régler les mouvemens de son cœur, et par conséquent veiller à sa conservation, au maintien de ses mœurs, et ne point, en cédant au désespoir, détruire l'ouvrage de Dieu, et s'affranchir ainsi de ses devoirs envers la société, tel est l'abrégé de toute la doctrine des jurisconsultes et des moralistes.

Presque tous les devoirs dont nous venons de parler dans ce chapitre et dans le chapitre précédent suivent l'homme dans quelque état qu'il se trouve, même quand il a renoncé à tout commerce avec ses semblables. Ceux que nous allons exposer sont relatifs à l'état de société.

CHAPITRE XVIII.

Devoirs envers le prince.

37. On divise les devoirs des sujets en *généraux* et en *particuliers*. *Généraux*, ils comprennent tous les membres de la société, abstraction faite du poste qu'ils y occupent; *particuliers*, ils ne concernent que ceux qui occupent des emplois publics.

Tous les sujets, sans distinction, doivent au prince respect, fidélité, obéissance; il ne leur est permis de former ni cabales , ni séditions. Ils doivent s'attacher de préférence aux inté-rêts du chef de l'Etat, l'honorer souverainement, penser favorablement de sa personne et de ses actions.

Le droit naturel leur fait encore une loi in-violable de préférer le bien public à toute autre chose ; de sacrifier leurs richesses , leur fortune ; en un mot, tous leurs intérêts particuliers, pour la conservation de leur pays et du gouver-nement légalement institué. Ils doivent enfin employer tous leurs talens pour faire honneur à la société civile, dont ils sont membres, et pour lui procurer quelque utilité.

J'ai parlé du suicide. Il y en a un qui est non-seulement permis, mais encore ordonné par le droit naturel : c'est de s'exposer au danger, même à un péril imminent, pour le salut de l'Etat. C'est disposer de la vie que Dieu nous a confiée d'une manière conforme aux vues de la Providence.

Quant aux devoirs particuliers, ils n'entrent pas dans mon sujet : on peut voir là-dessus *Barbeyrac* (1) et *Domat.*

____

(1) *Des Devoirs de l'homme et du citoyen,* traduit de Puf-FENDORF.

CHAPITRE XIX.

Devoirs de l'homme envers ses semblables.

38. Il me reste à parler des devoirs de l'homme envers ses semblables, c'est-à-dire de cette partie du droit naturel qui fait l'objet de la jurisprudence civile.

Revenons d'abord sur la division des obligations en parfaites et en imparfaites.

Aucune loi ne doit se borner aux préceptes même qui nous font connaître nos devoirs; elle doit y ajouter des motifs assez puissans pour nous porter à les accomplir. En d'autres termes, toute loi doit avoir une sanction.

Les lois naturelles et les lois positives ont une sanction qui leur est commune, c'est la religion révélée. La religion révélée est venue au secours de l'homme à cause de l'état d'insuffisance où se trouve sa raison pour l'éclairer sur tous ses devoirs. La loi naturelle et la religion révélée ne peuvent se contredire, car toutes deux sont l'ouvrage de Dieu; toutes deux doivent tendre au même but, le bonheur de l'homme. Dieu nous prescrit donc de suivre les préceptes du droit naturel toutes les fois qu'ils ont acquis pour nous un degré de certi-

tude qui les rende obligatoires. Il fait plus,
il nous commande d'obéir aux ordonnances de
l'autorité légitime. Des peines ou des récompenses nous sont réservées dans l'autre vie, selon que nous aurons observé ou méconnu la
règle de nos devoirs.

Ceci est pour l'éternité ; mais le bien de la
société veut une autre sanction qui s'accom-
plisse dans le tems, et elle consiste dans les *actions* et dans les jugemens.

Il serait plus exact de dire que la loi naturelle a deux sanctions : la religion et le droit
civil.

Ainsi, il y a des droits que la religion seule
garantit. Il y en a que la loi positive a également reconnus et garantis, et pour l'exercice
desquels elle accorde une action ou publique
ou privée, selon que l'infraction intéresse ou la
société entière ou des particuliers.

C'est sur cette distinction qu'est fondée la
division des droits et des devoirs en parfaits et
en imparfaits.

Ils sont parfaits toutes les fois que la loi civile accorde sa sanction à la loi naturelle, c'est-
à-dire toutes les fois que nous pouvons contraindre quelqu'un à remplir un devoir envers
nous.

Quand on refuse de remplir envers nous une obligation qui n'est fondée que sur le droit naturel, il n'y a d'autre remède que de supporter ce refus. Dans l'état purement naturel, on ne jouit point du droit de guerre contre celui qui refuse de donner ou de faire ce à quoi il est naturellement obligé.

Mais le droit civil a reconnu et consacré ce principe, que chacun est tenu de remplir ses engagemens. Un engagement produit donc une obligation parfaite. Tout refus de la remplir devient alors une juste cause de guerre, parce que celui qui s'est ainsi obligé a accordé le droit de le contraindre, dans le cas où il refuserait de remplir ses obligations.

Mais si chacun exerçait par soi-même la voie de la contrainte, cet état de guerre serait funeste à la société ; chacun s'aveuglant sur son droit, la force tiendrait lieu de justice, et l'on tomberait bientôt dans un état de dissolution sociale. Il faut que l'autorité intervienne, que des hommes préposés par elle décident s'il y a eu refus ou infraction, et que la force publique fasse respecter et exécuter, s'il en est besoin, leur décision. Telle est l'origine des actions.

Tout droit parfait est donc celui qui produit une action en justice. Toute obligation parfaite est celle que l'on peut être contraint de remplir.

Un droit et un engagement sont donc imparfaits quand ils ne sont pas consacrés par le droit civil.

Je pourrai revenir sur cette distinction quand je parlerai des contrats ; il est tems de passer aux actions.

___

CHAPITRE XX.

De la sanction des lois, ou des actions.

39. DANS toute loi il y a deux points à considérer : les préceptes qu'elle donne, les motifs par lesquels elle porte à les accomplir. Les motifs doivent être suffisans pour que la loi ne soit pas en vain méconnue. La sanction des lois naturelles se trouve, comme nous l'avons déjà remarqué, dans le sens moral, dans la conscience et dans la religion révélée. Les lois civiles ont aussi cette garantie ; mais le législateur a dû en chercher une autre dans les peines publiques pour les lois criminelles, dans les actions ordinaires et dans les jugemens pour les lois civiles. C'est des actions civiles que nous allons parler.

40. Les obligations et les actions qu'elles

produisent ne naissent pas seulement d'une convention, elles proviennent aussi de la loi, qui impose aux hommes certaines charges ou certains engagemens qui prennent leur origine dans la nature des choses ou dans ce qu'exige le bien de la société. La société, qui veille aux intérêts de chacun de ses membres, ne veut pas qu'un enfant qui a perdu son père et sa mère soit livré à l'abandon, et sa fortune aux entreprises de la cupidité ; de là l'origine des tutelles. Comme c'est une charge que la loi impose, les actions qu'elle engendre naissent de la loi.

Aucune convention n'intervient entre des propriétaires limitrophes. Cependant chacun d'eux est tenu à des devoirs envers l'autre ; c'est encore la loi qui produit les actions que chacun d'eux peut exercer contre l'autre.

Quelqu'un est propriétaire d'un terrain enclavé ; il faut, pour qu'il puisse le cultiver, qu'il passe sur le champ voisin ; la loi lui donne également une action pour obtenir ce passage.

Une action peut encore naître d'un fait et non d'une promesse (art. 1370). Ainsi celui qui a commencé à gérer sans mandat l'affaire d'autrui, donne une action contre lui s'il a mal géré ou s'il abandonne la gestion avant que le propriétaire soit en état d'y pourvoir lui-même (art. 1372), et si l'affaire a été bien gérée, il peut se faire rendre les sommes qu'il a avancées (art. 1375). Ainsi celui qui a payé par erreur une somme qu'il ne devait pas, a une action pour la réclamer (art. 1376 et 1377).

On peut avoir causé à autrui quelque dommage ; si ç'a été volontairement et dans le dessein de nuire, c'est un délit. S'il n'y a eu que négligence ou imprudence, c'est un quasi-délit. Dans l'un comme dans l'autre cas, il y a une action en réparation.

Il y a donc des actions qui naissent de la loi ; il y en a qui naissent d'un fait, sans qu'il soit intervenu aucune promesse, aucun engagement ; il y en a, enfin, qui naissent du concours de deux ou de plusieurs volontés.

41. La loi civile garantit aux citoyens l'exécution des engagemens qu'ils ont librement contractés, pourvu toutefois que ces engagemens n'aient rien de contraire au bien de la société. (*C. civ.*, art. 6 ; *loi* 38, *ff.*, *de Pactis*, et 45, § 1ᵉʳ, *ff.*, *de R. J.*)

« Le maintien de l'ordre public dans une so- » ciété, est la loi suprême. Protéger des con- » ventions contre cette loi, ce serait placer des » volontés particulières au-dessus de la volonté » générale, ce serait dissoudre l'Etat.

» Quant aux conventions contraires aux
» bonnes mœurs, elles sont proscrites chez
» toutes les nations policées. Les bonnes mœurs
» peuvent suppléer les bonnes lois : elles sont
» le véritable ciment de l'édifice social. Tout
» ce qui les offense, offense la nature et les
» lois. Si l'on pouvait les blesser par des con-
» ventions, bientôt l'honnêteté publique ne
» serait plus qu'un vain nom, et toutes les
» idées d'honneur, de vertu, de justice, se-
» raient remplacées par les lâches combinai-
» sons de l'intérêt personnel, et par les cal-
» culs du vice (1). »

Il faut donc repousser avec mépris les doctrines anti-sociales que professent effrontément
des hommes qui prétendent que l'on doit payer
le prix qu'on a promis pour un assassinat, lorsque la condition a été accomplie.

42. Nous avons dit que la justice consiste à
rendre à chacun ce qui lui est dû. Nous avons
contre celui qui refuse de remplir ce devoir
envers nous une action pour l'y contraindre.
L'action est donc le droit que chacun a de poursuivre en justice ce qui lui est dû (2). On appelle

(1) PORTALIS.

(2) *Actio autem nihil aliud est, quàm jus persequendi in ju-
dicio, quod sibi debetur.* (*Inst.*, lib. IV, tit. 6, in princ.)

également action la demande que l'on forme à cet effet.

Chez les Romains, le nombre des actions était limité. Chacune avait sa formule particulière, et un nom qui la distinguait des autres. Il fallait observer ponctuellement la formule et indiquer le nom, sinon l'on était déchu, et il fallait se faire relever par le préteur, ce qu'on appelait *restitution en entier*. L'empereur Constantin a abrogé cet usage ; mais il restait encore des formalités scrupuleuses que le droit canonique a rejetées ; il a voulu que l'on se contentât d'un simple exposé du fait avec des conclusions, c'est-à-dire l'énoncé de ce que l'on demandait au juge. C'est sur le droit canonique que s'est formée notre procédure ; l'ordonnance de 1539 et celle de 1667 en ont confirmé les dispositions sur cette matière, et le *Code de procédure civile* s'y est conformé.

Ainsi, chez nous, les actions ont toujours été plus libres. On a action toutes les fois qu'on a un intérêt effectif à poursuivre, et il n'y a point de formules particulières selon la nature de la cause. Un bon traité des actions manque à la jurisprudence française. En l'attendant, et pour la doctrine comme quelquefois pour la pratique, nous suivons les principales divisions, et nous nous servons de la plupart des dénominations adoptées par le droit romain. Il est important de les bien connaître, pour se former à l'art très - difficile de bien conclure.

43. De même que les lois, les actions sont réelles ou personnelles (1). Il y en a qui sont à-la-fois l'un et l'autre, et on les appelle *mixtes* (2). Leur nature détermine le tribunal devant lequel elles doivent être portées (*C. de pr. civ.*, art. 39).

1°. Toutes les fois que nous agissons contre quelqu'un qui est obligé envers nous par un contrat, par un quasi-contrat, par un délit, ou par un quasi-délit, l'action est personnelle (3). C'est, en effet, la personne que nous attaquons; ce n'est pas tel objet qu'elle possède plutôt que tel autre que nous réclamons. Il en est de même de certaines obligations que la loi seule impose. Dans ces occasions, elle consulte quelquefois

(1) *Omnium autem actionum... summa divisio in duo genera deducitur; aut enim in* REM *sunt, aut in* PERSONAM. (*Inst.*, tit., § 1.)

(2) *Quœdam actiones* MISTAM *causam obti nere videntur, tàm in rem, quàm in personam*, etc. (Eod. tit., § 20.)

(3) *Namque agit unusquisque aut cum eo, qui ei obligatus est, vel ex contractu, vel ex maleficio : quo casu proditœ sunt actiones in personam*, etc. (*Inst.*, tit., § 1.)

l'équité naturelle (*C. civ.*, art. 2o3 , 2o5, 2o6 , 2o7) ; d'autres fois, elle est purement arbitraire (art. 4 19, 432.) Les Romains appelaient l'action personnelle *condictio.*

2°. L'action réelle est celle que nous dirigeons pour nous faire remettre en possession d'une chose qui est détenue par un autre et qui nous appartient. Les Romains la nommaient *vendicatio* (1).

3°. Par l'action mixte , nous révendiquons une chose et nous demandons un paiement ou des dommages-intérêts (2).

4°. Ces trois sortes d'actions se subdivisent

(1) *Appellamus autem in rem quidem actiones , vindicationes : in personam verò actiones , quibus dare , aut facere oportere intenditur , condictiones. Condicere enim est denunciare , priscâ linguâ ; nunc verò abusivè dicimus , condictionem actionem in personam esse , quâ actor intendit dari sibi opportere. Nulla enim hoc tempore eo nomine denunciatio fit.* (*Inst. ,* lib. IV, tit. 6 , § 15.)

(2) *Quædam actiones mistam causam obtinere videntur , tàm in rem , quàm in personam ; qualis est familiæ erciscundæ actio , quæ competit coheredibus de dividendâ hereditate. Item communi dividundo , quæ inter eos redditur , inter quos aliquid commune est , ut id dividatur. Item finium regundorum actio , quia inter eos agitur , qui confines agros habent. In quibus tribus judiciis permittitur judici , rem alicui ex litigatoribus , ex æquo et bono adjudicare : et , si unius pars prægravari videbitur , eum invicem certa pecunia alteri condemnare.* (*Inst. ,* lib. IV, tit. 6 , § 20.)

en beaucoup d'autres dont nous parlerons quand nous en serons aux titres auxquels elles se rattachent ; mais nous ne pouvons, dans ce moment, garder le silence sur un genre d'actions qui naissent des dispositions du premier livre du *Code civil.*

On met au nombre des actions réelles celles qui concernent l'état des personnes (1). On les nomme *préjudicielles*, parce qu'elles forment un préjugé en faveur de la personne ou contre elle, sur un droit ultérieur qu'elle réclame. Ainsi quelqu'un se présente pour recueillir une succession, on peut examiner s'il est tout à-la-fois parent légitime et naturel, s'il n'est que simplement naturel (*C. civ.*, art. 756), ou simplement légitime (art. 350).

CHAPITRE XXI.

Des exceptions.

44. L'INTÉRÊT est la mesure des actions. Une personne forme une demande en paiement

(1) *Præjudiciales actiones in rem esse videntur : quales sunt, per quas quæritur, an aliquis liber, an libertus sit, vel servus, vel de partu agnoscendo. Ex quibus ferè una illa legitimam causam habet, per quam quæritur, an aliquis liber sit: cæteræ ex ipsius prætoris jurisdictione substantiam capiunt.* (*Inst.,* lib. IV, tit. 6, § 13.)

de ce qui est dû à une autre ; elle est sans action, parce qu'elle est sans intérêt. Le moyen
qu'on lui oppose pour repousser sa demande
est un de ceux qu'on appelle *exceptions*.

Ainsi la loi, en créant d'une part des actions
pour garantir son exécution, admet d'une autre
part des exceptions, pour empêcher que ces
actions ne deviennent des abus.

Une exception est donc un moyen qui tend
à faire exclure une action ou à en diminuer
l'effet (1).

Notre droit reconnaît trois sortes d'exceptions, 1° les *déclinatoires*, qui tendent à faire
renvoyer la cause devant un autre juge que
celui qui est saisi de la contestation par le demandeur (*Pr.*, art. 168) ; 2° les *dilatoires*, qui
ont pour objet de faire différer la poursuite de
l'action (*C. civ.*, art. 795, 797) ; 3° les *péremp-*

---

(1) *Sequitur, ut de exceptionibus dispiciamus. Comparatæ
autem sunt exceptiones defendendorum eorum gratiá, cum quibus agitur. Sæpè enim accipit, licet ipsa persecutio, quá actor
experitur, justa sit ; tamen iniqua sit adversùs eum, cum quo
agitur.* (*Inst.*, lib. IV, tit. XIII, in princ.)

*Exceptio dicta est quasi quædam exclusio, quæ inter opponi
actioni cujusque rei solet ad excludendum id, quod in intentio-
nem condemnationemve deductum est.* (*L.* 2, in princ., *ff.*, *de
Except.*)

*Exceptio est condictio, quæ modò eximit reum damnatione,
modò minuit damnationem.* (*L.* 22, in princ., *ff.*, eòd. tit.)

toires, qui attaquent l'action même ou la demande par laquelle on l'introduit. Les exceptions dilatoires et les déclinatoires appartiennent à la procédure, et sont étrangères à notre sujet.

45. Les exceptions péremptoires se divisent en deux classes. Les premières, dont une partie rentre aussi dans le domaine de la procédure, sont dirigées seulement contre l'exercice de l'action ; elles tendent à faire rejeter la demande et non l'action, en sorte que, quand elles ont produit leur effet, on peut renouveler l'action si l'on est encore à tems utile. Telles sont entre autres les nullités qui se trouvent dans la forme même de la demande. (*Pr.*, 61, 65).

Les secondes sont dirigées contre l'action même, et tendent à la faire proscrire, en sorte qu'elle ne puisse plus reparaître ; ce qui arrive notamment quand l'action est éteinte (*C. civ.*, art. 2262), ou lorsque, dans le concours de deux actions, le demandeur a déjà fait son choix (art. 1229).

Les exceptions péremptoires de la seconde classe s'appellent aussi *fins de non recevoir*, parce qu'elles ont pour fin de faire déclarer

---

(1) *Agere etiam is videtur, qui exceptione utitur; nam reus in exceptione actor est.* (*L.* 1 , *ff.*, *de Except.*)

le demandeur non recevable dans son action.

46. Celui qui oppose une exception à une demande formée contre lui, devient demandeur à son tour, et cette seconde demande doit être discutée et jugée avant la première. Ainsi, quand une fin de non recevoir est proposée, on n'examine pas le mérite du fond de la cause, on ne se livre à cette discussion subsidiaire que quand l'exception a été rejetée. Une personne appelée en justice peut donc soutenir d'abord que le demandeur est non recevable dans son action, ensuite qu'il y est mal fondé. Ce sont deux choses qu'il se faut bien garder de confondre. On est mal fondé quand on n'a pas de titre, ou que le titre est sans autorité contre le défendeur, enfin toutes les fois que la demande n'est pas suffisamment justifiée ; on peut être non recevable, quoiqu'on ait un titre.

Les exceptions naissent non-seulement de la loi, mais encore de l'équité naturelle (art. 1235).

CHAPITRE XXII.

De l'application des lois.

47. IL ne suffit pas que la loi existe, il faut encore qu'elle puisse être appliquée. Toute lé-

gislation suppose donc une magistrature ; ainsi l'application des lois est l'objet de la justice distributive et appartient par conséquent à l'office du juge.

Puisque les lois positives ne sauraient jamais entièrement remplacer l'usage de la raison naturelle dans les affaires de la vie, il suit de là qu'elles ne sauraient tout prévoir, et, d'ailleurs, on ne fait pas des lois pour des choses qui n'arrivent que dans un cas particulier (1).

Le juge, en appliquant la loi, est donc souvent obligé de l'interpréter.

Il y a deux interprétations : l'une par *voie d'autorité*, l'autre par *voie de doctrine*.

La première consiste à résoudre les questions et les doutes par des réglemens ou des dispositions générales ; la seconde consiste à saisir le vrai sens des lois, à les appliquer avec discernement à chacune des hypothèses prévues, à les suppléer dans les cas qu'elles n'ont pas réglés.

La première appartient au pouvoir législatif, la seconde au pouvoir judiciaire.

Celui qui fait les lois ne peut les appliquer, celui qui les applique ne peut en faire ; autre-

(1) *Ex his , quæ forte uno aliquo casu accidere possunt , jura non constituuntur.* (*L.* 4, *ff.*, *de Legibus.*)

ment cette confusion de pouvoirs entraînerait la perte de la liberté civile. Le *Code civil*, art. 4 et 5, a remédié à cet inconvénient. Le premier étend les pouvoirs du juge, l'autre pose les bornes où ce pouvoir doit s'arrêter, ou, pour mieux dire, l'un et l'autre fixent les limites respectives du pouvoir législatif et du pouvoir judiciaire.

48. La loi peut être obscure, insuffisante, ou muette. Alors, soit qu'il en ait été informé par des réclamations, soit qu'il l'ait reconnu lui-même, le législateur voit que la loi a besoin d'être expliquée, et il l'explique par voie d'autorité.

Mais ce réglement interprétatif ne peut s'appliquer aux contestations qui existaient avant lui ; autrement l'interprétation par voie d'autorité pourrait être donnée en considération des personnes. Le législateur deviendrait juge, et juge d'autant plus dangereux, qu'on n'aurait contre ses décisions ni la ressource de l'appel, ni celle du recours en cassation. Les Romains avaient déjà reconnu cette vérité lorsqu'on inséra cette loi dans les douze tables : *Privilegia ne irroganto.*

Le législateur ne peut donc faire des réglemens particuliers ni de son propre mouvement, ni quand il y est invité par le juge ; ainsi le juge doit appliquer la loi telle qu'elle existe au moment de la contestation.

Mais si le législateur ne peut juger, le juge ne peut interpréter par voie d'autorité ; il ne peut donc prononcer par voie de disposition générale et réglementaire. S'il le faisait, il s'imposerait l'obligation de juger uniformément toutes les causes douteuses, quelle que soit la diversité des espèces ; ses réglemens deviendraient, pour tous les citoyens, des lois non promulguées ; enfin, il y aurait empiètement du pouvoir judiciaire sur le pouvoir législatif, et celui qui ne doit voir que des espèces particulières s'élèverait à des considérations qui doivent embrasser tout le système de la législation.

A Rome, les prévenus usaient de ce droit, soit pour tempérer l'extrême rigueur de la loi, soit pour suppléer à son silence ; et c'est de là que vient le droit prétorien. Nos anciennes cours parlementaires rendaient aussi des *arrêts de réglement* qui avaient dans leur ressort toute l'autorité d'une loi ; mais elles étaient associées à l'esprit de la législation, privilége dont ne jouissent pas les cours royales qui rendent aujourd'hui la justice.

Le juge interprète donc par voie de doctrine,

et comme cette interprétation appartient aussi au jurisconsulte, nous devons nous occuper des règles auxquelles elle est assujettie. Pour se bien pénétrer de cette matière, il faut lire le titre préliminaire de *Domat* et le titre 3, liv. Ier ; je me dispenserai d'en citer les lois dans l'énoncé des règles que je vais exposer. Voici celles qui sont d'un usage plus fréquent.

CHAPITRE XXIII.

Règles pour interpréter les lois.

49. Nous disons que les cas douteux sont laissés à la prudence du juge, à son *arbitrage*, et non à son *arbitraire*. Tantôt il doit étendre la loi, et tantôt la restreindre.

1°. La loi s'étend d'un cas prévu à un cas non prévu toutes les fois qu'elle favorise ce qui est conforme à l'utilité publique, à la liberté des conventions et des testamens, et à d'autres causes semblables.

2°. Elle s'étend encore à tout ce qui est essentiel à son intention.

3°. Qui permet le plus permet le moins ; ainsi la loi qui permet de donner, permet d'aliéner à titre onéreux.

4°. Qui défend le moins défend le plus ; ainsi la loi qui défend de vendre, défend de donner.

5°. La loi doit se borner au cas prévu, quand elle restreint la liberté naturelle.

6°. Quelque analogie qu'il y ait entre le cas prévu et le cas non prévu, on ne doit pas étendre la loi quand elle établit une chose dure.

7°. Quand l'exception est faite pour un cas spécifié, elle doit être restreinte, et hors de là il faut rentrer dans la règle générale.

La loi peut être obscure, insuffisante ou muette. Voyons ce qu'on doit faire dans le premier cas.

8°. Il faut consulter l'intention du législateur. Elle se manifeste par le discours de l'orateur qui a présenté le projet de loi au corps législatif, et qui en a exposé les motifs; par les discussions qui ont eu lieu, par la conférence de la loi avec les lois antérieures et postérieures sur la même matière.

9°. Si l'intention du législateur ne se manifeste pas par ces moyens, on choisit le sens qui se rapporte le mieux au sujet de la loi.

10°. L'usage est le meilleur interprète des lois.

11°. On consulte aussi la raison et l'équité, et cette règle doit être également suivie quand la loi est insuffisante ou muette.

Tel est l'abrégé des règles exposées par *Domat.* On peut y ajouter ce qui est dit au traité *des Devoirs,* de Puffendorf, liv. Ier, chap. 17.

———

CHAPITRE XXIV.

De l'abrogation des lois.

50. Nous avons dit que les lois naturelles sont indépendantes du tems et des lieux ; mais si nulle autorité ne saurait les changer ni les abolir, il ne peut en être de même des lois positives, qui doivent changer avec le siècle quand l'esprit de ce siècle s'améliore, ou quand il a une tendance qui peut compromettre les intérêts de la société. Ainsi le même principe qui détermine certaines lois ordonne leur abrogation ; mais cette abrogatiou ne se présume pas. Cependant elle peut être tacite, ce qui arrive toutes les fois qu'une loi nouvelle contient des dispositions contraires à celles des lois antérieures.

Les lois s'abrogent encore par le non usage ou la désuétude ; mais il faut qu'un long tems se soit écoulé pour que le silence du législateur fasse présumer qu'il consent à cette abrogation.

CHAPITRE XXV.

Conclusion.

51. J'ai dit quelle est l'origine de la justice et de la loi naturelle. J'ai indiqué la source d'où découlent toutes les lois civiles, et en cela je n'ai fait que suivre l'opinion des sages de tous les siècles. *Démosthènes* nous apprend que la loi est ce qui exige l'obéissance de tous par plusieurs raisons, et principalement parce que toute loi est un présent de la Divinité, qui en est l'auteur. « C'est, ajoute-t-il, la résolution prise par les sages, la punition des crimes volontaires ou involontaires, une obligation contractée par la nation, d'après laquelle tous ceux qui vivent dans la même cité doivent régler leur conduite (1). »

Tout ce que j'ai avancé n'est donc que le développement de cette grande vérité, publiée par un homme justement célèbre, vérité qui

---

(1) *Nàm et Demosthenes orator sic definit : lex est, cui omnes obtemperare convenit tùm ob alia multa , tùm vel maximè eo , quod omnis lex inventum ac munus Dei est , decretum verò prudentum hominum, coercitio eorum quæ sponte, vel involuntariè delinquuntur, communis sponsio civitatis : ad cujus præscriptum omnes , qui in eâ republicâ sunt, vitam instituere debent. (L. 2 , ff. , de Legibus.)*

importe le plus à la sûreté des états, au maintien de l'ordre dans la société, et au bonheur des peuples. Nous devons donc obéir aux lois, et parce qu'elles ont une origine céleste, et parce qu'elles sont portées par des hommes qui ont reçu leur mandat de la nation, et que nous avons reconnus comme les plus sages entre les autres hommes, et parce qu'il s'est formé entre le législateur et nous un contrat qui nous lie. Désobéir aux lois, c'est enfreindre ou méconnaître un engagement. Celui qui manque à la foi promise s'attire le mépris des autres hommes, première sanction du droit positif ; il s'expose à une action en justice, à un jugement qui le condamne et fait douter de sa probité.

FIN.

TABLE DES MATIÈRES.

PREMIÈRE PARTIE.

Introduction à l'histoire du Droit français.

SECONDE PARTIE.

Introduction à l'étude du Droit naturel.

FIN DE LA TABLE.

9 782019 301002